MW01469904

Maggi
KOCHSTUDIO

DIE BESTEN KOCHTIPPS & TRICKS

Aus der Küche für die Küche

kurse | **Maggi KOCHSTUDIO Treff** | Suppen & Snack

Inhalt 3

Vorwort 4
MAGGI KOCHSTUDIO 6

MAGGI KOCHSTUDIO Kochtipps & Tricks

A:	von Aal bis Avocado	10
B:	von Backpulver bis Butterschmalz	17
C:	von Champignons bis Currypulver	31
D/E:	von Dill bis Essig	37
F:	von Feige bis Frikadelle	47
G:	von Garnele bis Grießklößchen	61
H:	von Hackfleisch bis Hülsenfrüchte	69
I/J:	von Ingwer bis Johannisbrotkernmehl	75
K:	von Käse bis Kürbis	79
L:	von Lamm bis Lorbeer	93
M:	von Mais bis Muskatnuss	97
N:	von Natron bis Nüsse	107
O:	von Obst bis Orange	111
P:	von Panade bis Pudding	117
Q/R:	von Quark bis Rührei	125
S:	von Sahne bis Suppe	133
T/V:	von Tafelspitz bis Vanillezucker	147
W/Z:	von Wassermelone bis Zwiebel	151

Stichwortregister 158
Impressum 160

MAGGI KOCHSTUDIO
Die besten
Kochtipps & Tricks

Bereits 1959 wurde das Maggi Kochstudio als Service-Einrichtung geschaffen, die Ihnen als Verbraucher in allen Fragen des Kochens und der zeitgemäßen Ernährung mit fachlicher Kompetenz zur Seite steht.

Seit mehr als 40 Jahren erreichen uns Ihre Anfragen zu den Themen Kochen und richtige Ernährung, Lebensmittel und deren Zubereitung. Mit dem Buch „Die besten Kochtipps & Tricks" geht Ihr Wunsch in Erfüllung, die besten Tipps in einem einzigen Nachschlagewerk festzuhalten. Auf mehr als 150 Seiten haben wir die besten Ideen, Tipps und Tricks in alphabetischer Form für Sie zusammengestellt. Wir bieten Ihnen das gesamte Erfahrungsspektrum des Maggi Kochstudios und beantworten Ihnen Fragen aus dem Kochalltag. Von Aal bis Zwiebel finden Sie Lebensmittelinformationen, Zubereitungstipps und Küchentricks. Wir konzentrieren uns auf die Verwendung und Verarbeitung wichtiger Lebensmittel und auf Grundrezepte. Sie können nachschlagen, wie man Artischocken richtig putzt, wie Biskuitteig garantiert gelingt, was Bratkartoffeln knusprig und das Steak saftig macht, wie sich Soßen verfeinern und versalzene Suppen retten lassen, was beim Tranchieren von Geflügel und beim Marinieren von Wild zu beachten ist und vieles mehr … auch in unserem Kochlexikon halten wir uns an das Motto des Maggi Kochstudios: Keine Frage bleibt unbeantwortet!

Mit den Maggi Kochstudio Kochtipps & Tricks haben Sie das große Koch-Einmaleins und die ganze Erfahrung des Maggi Kochstudios zur Hand.

Es gibt Ihnen Sicherheit bei der Auswahl und Zubereitung von Gemüse, Obst, Fleisch, Fisch und Geflügel, bringt mehr Spaß beim Kochen und hilft im Fall der Fälle auch, kleine Pannen zu korrigieren.

Wir vom Maggi Kochstudio wünschen Ihnen, dass dieses übersichtlich gegliederte Buch Ihren Kochalltag leichter macht. Alle Tipps wurden mehrfach getestet und entsprechen den Bedürfnissen des modernen Haushalts und zeitgemäßer Kochpraxis.

Auf den folgenden Seiten finden Sie unsere Adressen und Telefonnummern. Wir freuen uns, wenn Sie mit uns in ständigem Erfahrungsaustausch bleiben und uns damit helfen, Ihre Fragen, Wünsche und Anregungen in unsere tägliche Arbeit einzubinden.

Auch unsere Teams in den Maggi Kochstudio Treffs in Frankfurt und Leipzig freuen sich auf ein persönliches Gespräch mit Ihnen.

Gutes Gelingen mit „Die besten Kochtipps & Tricks" aus dem Maggi Kochstudio wünscht Ihnen

Ihr
MAGGI KOCHSTUDIO
hilft, berät, gibt Tipps

Birgit Grün

MAGGI KOCHSTUDIO
hilft, berät, gibt Tipps

Das Maggi Kochstudio ist für alle da, die Fragen zu Ernährung, Kochen und Haushaltsführung haben. Der Dialog mit dem Verbraucher gehört seit über 40 Jahren zu Maggi wie die Schürze zum Koch und ist in seiner Art bis heute beispiellos. Unter dem Dach des Maggi Kochstudios wurden verschiedene Angebote entwickelt, die im Dialog mit unseren Kunden und somit verbrauchernah informieren, beraten, das Kochen einfacher machen – die Philosophie des Firmengründers Julius Maggi ist bis heute lebendig.

Verbraucherberatung
Das Maggi Kochstudio ist die direkte Schnittstelle zu Ihnen als Konsumenten – es hat das Ohr ganz nah am Verbraucher. Jährlich werden mehr als 100.000 schriftliche Anfragen und über 30.000 Telefonate von den Beraterinnen beantwortet. Dazu kommen mehr als 25.000 E-Mail-Anfragen.

Rezeptservice
Pro Jahr werden bis zu 1000 neue Rezepte entwickelt. Sie werden in Broschüren und als Tipps auf den Packungsrückseiten veröffentlicht. Die Maggi Minikochbücher haben mittlerweile Kultstatus – die Auflage der bislang 14 Bände liegt bei über 20 Millionen.

Maggi
KOCHSTUDIO

Sie erreichen uns:

Maggi Kochstudio
60523 Frankfurt am Main
Telefon   069 / 66 71 28 41
Telefax   069 / 66 71 48 04

E-Mail: kontakt@maggi.de
www.maggi.de

MAGGI KOCHSTUDIO TREFF
Neue Rezepte, Ideen, Tipps und mehr ...

Mit dem Maggi Kochstudio Treff werden das beliebte Maggi Kochstudio sowie die Marke Maggi direkt und unmittelbar für den Verbraucher „erlebbar" und „begehbar" gemacht.

Fast eine halbe Million Besucher pro Jahr erleben das erstklassige Serviceangebot des Maggi Kochstudio Treffs: die beliebten Kochkurse für Jung und Alt in der Maggi Kochstudio Küche, kompetente Beratung zu allen Fragen rund ums Kochen und Genießen, kostenlose Rezeptbroschüren, einen einladenden Suppen&Snackbereich sowie den attraktiven Shop.

Besuchen Sie uns:

MAGGI KOCHSTUDIO TREFF Frankfurt
Neue Kräme 27
60311 Frankfurt am Main
Telefon   069 / 91 39 93 22
Telefax   069 / 91 39 93 23
Montag bis Freitag
von 10:00 bis 18:30 Uhr
Samstag von 10:00 bis 16:00 Uhr

MAGGI KOCHSTUDIO TREFF Leipzig
Petersbogen
Petersstraße 36–44
04109 Leipzig
Telefon   03 41 / 1 49 77 74
Telefax   03 41 / 1 49 77 74
Montag bis Freitag
von 10:00 bis 20:00 Uhr
Samstag von 10:00 bis 16:00 Uhr

MAGGI KOCHSTUDIO CLUB
Mitglied werden und tolle Vorteile genießen

Die ganze Welt des Kochens und Genießens offeriert auch der Maggi Kochstudio Club. Er bietet seinen Mitgliedern eine Fülle von Rezepten, jede Menge Tipps und Tricks und tolle Dekorationsvorschläge. Clubmitglieder erhalten drei Mal jährlich das umfangreiche Clubmagazin mit Rezepten für jede Saison sowie weitere spezielle Club-Aussendungen mit neuen Zubereitungsideen.

Die spannenden Maggi Produktneuheiten erfährt man natürlich auch zuerst im Maggi Kochstudio Club. Außerdem kommt man in den Genuss individueller Beratung am gebührenfreien Club-Telefon und spezieller Angebote im exklusiven Club-Shop.

Nicht zu vergessen die Möglichkeit der Teilnahme an den heiß begehrten Kochkursen mit Prominenten im Maggi Kochstudio Treff.

Vorteile

- Viele Rezepte und praktische Tipps
- 3 x jährlich das neue CLUB-Magazin plus vier spezielle CLUB-Aussendungen mit vielen neuen Rezepten
- Individuelle Beratung am gebührenfreien CLUB-Telefon
- Interessante Angebote im exklusiven CLUB-Shop
- Die besonderen CLUB-Special-Angebote für Club-Mitglieder
- Keine Bestell- oder Kaufverpflichtung
- Kündigung jederzeit möglich
- Für nur 12,27 € im Jahr

**Bei Fragen zum
MAGGI KOCHSTUDIO CLUB
sind wir für Sie da:
Telefon   069 / 66 71 20 99**

www.maggi.de – das MAGGI KOCHSTUDIO auch zu Hause

Um das Maggi Kochstudio zu erleben, muss man nicht nach Frankfurt oder Leipzig reisen, es kommt via Internet auch nach Hause.

Unter www.maggi.de steht Ihnen die ganze faszinierende Welt des Maggi Kochstudios online offen.
- Die original Maggi Kochstudio Rezeptdatenbank mit über 3.000 Rezepten
- Jeden Monat neue, interessante Themen rund ums Kochen
- Attraktive Gewinnspiele mit vielen Preisen
- Look & Cook Rezeptfilme zum Nachkochen, Anschauen und Genießen
- Das Menü des Tages per E-Mail bestellen
- News & Infos im „Maggizin"

- Kochlexikon von A wie Americaine bis Z wie Zabaione
- Zum Maggi Kochstudio Treff per Web-Cam oder Kochkurstermine nachsehen

Haben Sie Fragen, Anregungen oder Tipps? Sie erreichen uns per E-Mail unter: kontakt@maggi.de

10

A

Aal
Alkohol
Agar-Agar
Ananas
Apfel
Artischocke
Aubergine
Avocado
Auflauf

A

Aal
Aale mit Salz einreiben, dann lassen sie sich beim Vorbereiten besser festhalten.

Agar-Agar
Dieses rein pflanzliche Produkt besteht aus verschiedenen Rotalgensorten und geliert 6- bis 8-mal stärker als zum Beispiel Stärke. Es eignet sich besonders gut für Rezepte mit Ananas und Kiwi (siehe Seite 88). Agar-Agar in kalter Flüssigkeit anrühren und unter Rühren erhitzen.

Alkohol
Mit Alkohol lassen sich Speisen aromatisieren, wobei die Alkoholsorte das Aroma bestimmt. Der Alkohol verdampft beim Garen, der Geschmack bleibt.

Flambieren
Zum Flambieren eignen sich nur Brände mit mindestens 19 Prozent Alkoholgehalt. Wird der Alkohol vor dem Flambieren angewärmt, brennt er besser und gibt mehr Aroma an die Speise ab.

Treibmittel
Siehe **Backpulver**, Seite 18

Ananas
Das Fruchtfleisch der rohen Ananas enthält das Fette zersetzende Enzym Bromelin. Es lässt Sahne gerinnen und verhindert, dass Gelatine fest wird.
Zum Gelieren von Speisen mit frischer Ananas, wie zum Beispiel Süßspeisen oder Cremes, sollte man deshalb Agar-Agar oder Pektin (siehe Seite 120) verwenden. Wir empfehlen zudem, geschlagene Sahne und frische Ananas erst un-

weiter geht's mit **Ananas**

mittelbar vor dem Servieren zusammenzugeben.

Aufgrund ihrer speziellen Eigenschaften wird Ananas manchmal als Zartmacher für Fleisch verwendet (siehe **Kiwi**, Seite 88, und **Papaya**, Seite 118). Wir raten davon ab: Das mit Ananas eingeriebene Fleisch wird schwammig, verliert an Geschmack und beginnt sich durch die Enzymeinwirkung aufzulösen. Das kommt einem Zersetzungsprozess gleich. Deshalb ist diese Form der Fleischbearbeitung in Deutschland untersagt.

[Übrigens: Bei Diäten empfiehlt es sich, eine Mahlzeit durch frische Ananas zu ersetzen. Die Frucht enthält wertvolle Mineralstoffe (zum Beispiel Kalium und Kalzium), hat einen hohen Wasseranteil, wenig Kalorien und das darin enthaltene Bromelin fördert den Fettabbau.]

Apfel

Er verblüfft immer wieder mit seinen vielfältigen Verwendungsmöglichkeiten von heiß bis kalt und pikant bis süß. Wichtiger Inhaltsstoff ist das Pektin (siehe Seite 120).

Apfelstrudel

Wenn Apfelstrudel auf einem unbeschichteten Blech gebacken wird, sollte er nach dem Backen sofort heruntergenommen werden. Sonst bekommt er durch den auslaufenden Apfelfruchtsaft einen unangenehmen Blechgeschmack.

Knusprig braten

Apfelscheiben werden schön knusprig, wenn man sie mit etwas Zucker bestreut und in heißem Fett nur kurz bräunt (karamellisieren).

Lageräpfel

Lageräpfel verlieren Feuchtigkeit und bekommen eine leicht schrumpelige

A

weiter geht's mit **Apfel**

Haut. Das ist jedoch keine Qualitätseinbuße – im Gegenteil: Sie werden süßer und mürber und eignen sich hervorragend zum Backen oder als Bratäpfel.

Verfärbung
Ein frisch geschälter oder geraspelter Apfel bleibt schön hell und verfärbt sich nicht, wenn man etwas Zitronensaft darüber träufelt.

Artischocke
Stiele
Die Stiele junger Artischocken sind eine Delikatesse. Man bereitet sie folgendermaßen zu: herausdrehen, mit einem Gemüseschäler von sämtlichen Fasern befreien und der Länge nach in dünne Streifen schneiden (Julienne). In Salzwasser mit etwas Zitronensaft garen.

Verfärbung
Die Böden reibt man sofort mit einer aufgeschnittenen Zitrone ein, damit sie sich nicht verfärben. Die ganze Artischocke legt man mit der Spitze nach unten in Zitronenwasser und beschwert sie mit einem Deckel, Teller oder Küchenhandtuch.

Vorbereitung
Wenn im Rezept nicht anders angegeben, verfährt man wie folgt: Man hält die Artischocke am oberen Ende fest und dreht oder bricht den Stielansatz samt der harten Fasern aus dem Boden heraus. Dann schneidet man das obere Drittel ab und entfernt die äußeren harten Blätter.

[Übrigens: Artischocken enthalten Cynarin. Es senkt den Cholesterinspiegel und wirkt entwässernd, weshalb Artischocken gerne bei Diäten verwendet werden.]

Aubergine

Braten

- Die Auberginen waschen, in Scheiben schneiden, mit Salz bestreuen und ca. zehn Minuten ruhen lassen. Danach das ausgetretene Wasser samt Salz mit Küchenkrepp abtupfen.
- Damit sie sich beim Braten nicht unnötig mit Fett voll saugen, die vorbereiteten Scheiben ca. eine Minute in kochendes Salzwasser geben. Herausnehmen, kalt abschrecken, abtropfen lassen und in wenig Fett braten.

Lagerung

Auberginen an einem kühlen, dunklen Ort bei ca. 10 °C aufbewahren. Sie halten sich dann bis zu einer Woche.

Püree

Auberginenpüree wird besonders aromatisch, wenn man die Aubergine in Alufolie wickelt und ca. 25 Minuten bei 180 °C im Backofen gart. Dabei gehen die Geschmacksstoffe von der Schale ins Fruchtfleisch über. Die gegarte Aubergine längs halbieren und das weiche Fruchtfleisch herausschaben.

Auflauf

Aufläufe, die mehr als 30 Minuten Garzeit haben, sollten zeitweise mit Deckel, Alu- oder Backfolie abgedeckt werden und anschließend 10 bis 15 Minuten offen bräunen. Damit der Auflauf nicht austrocknet, mit Butterflöckchen belegen oder mit einer Mischung aus Käse, Butter und Sahne oder Crème fraîche übergießen.

Avocado

Lagerung

- Reife Avocados so schnell wie möglich verzehren; das butter-

weiter geht's mit **Avocado**

weiche Fruchtfleisch verdirbt relativ schnell. Bei Zimmertemperatur lassen sie sich maximal zwei Tage lagern, im Kühlschrank etwas länger, denn die niedrige Temperatur verzögert den weiteren Reifeprozess.
- Unreife Avocados reifen nach und werden weich, wenn man sie einige Tage bei Zimmertemperatur aufbewahrt. Das lässt sich beschleunigen, indem man die Avocados zusammen mit einem Apfel in Zeitungspapier wickelt.

Reifetest
- Reife Avocados geben auf Druck etwas nach. Die Schale sollte jedoch keine bräunlichen Verfärbungen aufweisen.
- Unreife Avocados sind hart.

Verfärbung
- Die Schnittflächen der Avocados sofort mit etwas Zitronensaft beträufeln, um das Braunwerden zu verhindern.
- Verwendet man nur eine halbe Avocado, den Stein in der anderen Fruchthälfte belassen. Er verhindert das schnelle Verfärben. Die Avocadohälfte kann man dann maximal zwei Tage im Kühlschrank aufbewahren.

[Übrigens: Eine Avocado enthält reichlich mehrfach ungesättigte Fettsäuren. Sie eignet sich daher für Brotaufstriche bestens als Butterersatz.]

B

Backpulver
Backzutaten
Balsamico-Essig
Bambussprossen
Banane   Basilikum
Birne
Blumenkohl
Biskuitteig
Bohnen
Bratfett
Braten
Bratkartoffeln   Brot
Brokkoli
Bratwürste
Brötchen   Brühe
Butter
Buttercreme
Buttermilch
Butterschmalz

Backpulver

Anwendung

Backpulver immer erst mit dem Mehl vermischen und dann zu den anderen Zutaten geben. Das Backpulver verteilt sich gleichmäßiger.

Ersatz

Anstelle von Backpulver drei bis vier Esslöffel Weinbrannt auf 500 Gramm Mehl in den Teig einarbeiten – Alkohol ist ein wirksames Treibmittel. Der Teig wird dabei nicht alkoholisiert, denn der Alkohol verdunstet während des Backens (siehe Seite 12).

Lockerung

Backpulver wandelt Stärke in Kohlendioxid um. Es entsteht Luft, die in den Teig eingeschlossen wird. Eine ähnliche Wirkung haben Hirschhornsalz, das speziell für Lebkuchen verwendet wird, und Pottasche, die typisch für Honiggebäck ist.

Backzutaten

Außer für Biskuitteige (siehe Seite 20) sollten die Zutaten beim Backen immer Zimmertemperatur haben. Dann lassen sie sich besser verarbeiten und verbinden sich schneller zu einem glatten, homogenen Teig.

Balsamico-Essig

Balsamico-Essig wird in verschiedenen Alterungsstufen angeboten. Als Faustregel gilt: je älter, desto teurer. Der Essig reift im Laufe der Jahre in Fässern aus unterschiedlichen Holzarten und verliert dabei an Volumen. Ältere Balsamico-Essige sind sehr konzentriert und fast siruvartig. Wer keinen alten Balsamico-Essig zur Hand hat, kocht einen jungen Balsamico mit etwas Zucker ein, dabei intensiviert sich der Geschmack.

Bambussprossen

Bambussprossen halten sich in Wasser eingelegt und zugedeckt etwa zehn Tage im Kühlschrank. Man sollte das Wasser täglich erneuern.

Banane

Lagerung

- Bananen halten sich bei Zimmertemperatur bis zu einer Woche.
- Bananen nicht im Kühlschrank aufbewahren; ihre Schale färbt sich in der Kälte unansehnlich schwarz, das Fruchtfleisch verliert an Aroma und verdirbt schnell.
- Bananen nicht zusammen mit Äpfeln oder Orangen lagern, da sie sonst braun werden. Man kann sich das aber auch zunutze machen: Bananen, die bald verzehrt werden sollen, legt man zusammen mit reifen Äpfeln in die Obstschale. Nach ein bis zwei Tagen haben sie ihren vollen Geschmack.
- Grüne Bananen reifen auch schnell nach, wenn man sie in Zeitungspapier einwickelt und ein bis zwei Tage bei Zimmertemperatur liegen lässt.

Reifegrad

Bananen sollten eine sattgelbe Farbe haben und fest sein. Braune Stellen und Flecken bedeuten nicht unbedingt eine Qualitätseinbuße. Eine schon schwärzlich verfärbte Schale weist jedoch auf überreife Früchte hin.

Schärfe mildern

Nach dem Verzehr von sehr scharfen Gerichten ist ein Dessert mit Bananen ideal. Fruchtzucker und Stärke mildern schnell das brennende Gefühl im Mund.

Basilikum

- Dieses duftende Mittelmeerkraut verliert beim Kochen oder Braten

weiter geht's mit **Basilikum**

schnell an Aroma. Daher sollte es immer erst kurz vor dem Servieren zugegeben werden.
- Besonders würzig im Geschmack ist das mittlerweile auch auf deutschen Märkten erhältliche rote Basilikum.

Birne

Kompott
Zur Zubereitung von Kompott sollten unbedingt festfleischige Früchte verwendet werden. Wenn die Birnen zu reif sind, verkochen sie zu Mus.

Lagerung
Winterharte Birnen werden, wie Lageräpfel auch, bis zu ihrer Reife, das heißt, bis sie weich sind, eingelagert. Soll eine unreife Birne schnell nachreifen, wickelt man sie zusammen mit einem Apfel in Zeitungspapier ein und legt sie in einen warmen Raum. Nach einem Tag ist sie weich.

Verfärbung
Birnen bleiben hell, wenn die Schnittfläche mit etwas Zitronensaft beträufelt wird.

Biskuitteig

Blitzbiskuit
Für die Zubereitung von Blitzbiskuit, der übrigens auch Wiener Boden genannt wird, verwendet man ganze Eier. Man schlägt die Eier zusammen mit dem Zucker weißschaumig auf, das macht den Kuchen locker und luftig.

Klassischer Biskuit
Das Eigelb mit dem Zucker aufschlagen, bis die Masse weißschaumig ist. Erst dann hat sich der Zucker komplett aufgelöst und die Eimasse das notwendige Volumen bekommen. Danach wird das steif geschlagene Eiweiß vorsichtig untergehoben.

geht's mit **Biskuitteig**

Zubereitung

Biskuitteig verlangt viel Sorgfalt, wenn er perfekt gelingen soll:

- Die Eier sollten kalt sein. So lassen sich Eigelb und Eiweiß besser trennen und der Eischnee wird fester beim Schlagen.
- Die Eier sollten so frisch wie nur möglich sein, dann bekommt die geschlagene Eimasse eine feinporige Konsistenz.
- Während des Backens sollte die Backofentür nie geöffnet werden, da der Biskuit sofort zusammenfallen würde.

Blumenkohl

Garen

- Eine Prise Zucker im Kochwasser verleiht dem Blumenkohl einen angenehm runden, harmonischen Geschmack.

- Schön mild und weiß wird Blumenkohl, wenn man dem Kochwasser einen Schuss Milch zugibt.

Putzen

Zum Putzen den Blumenkohl in kaltes Salzwasser legen – das befreit ihn von sämtlichem Ungeziefer.

Bohnen

Lagerung

- Frische grüne Bohnen können im Kühlfach des Kühlschrankes zwei bis drei Tage aufbewahrt werden. Sie sollten auf keinen Fall zu kühl gelagert werden, da sie sonst schnell austrocknen.
- Möchte man die Bohnen einfrieren, empfiehlt sich folgende Vorbereitung: Das Gemüse kurz in wenig kochendes Salzwasser geben (blanchieren), abtropfen

weiter geht's mit **Bohnen**

lassen, mit Küchenkrepp trockentupfen und dann einfrieren.
- Hülsenfrüchte halten sich gut verpackt bis zu einem Jahr.

Sorten
Unter dem Begriff „Bohne" werden auf mitteleuropäischen Märkten verschiedene Arten angeboten:
- Da sind zum einen die Bohnen, bei denen der fleischige Teil verzehrt wird, wie zum Beispiel grüne Buschbohnen, Stangenbohnen und gelbe Bohnen.
- Dann gibt es Bohnensorten, bei denen der ausgereifte, getrocknete Keimling verwendet wird, wie zum Beispiel Soja-Bohnen, Mung-Bohnen, weiße Bohnen und Kidney-Bohnen.

Verfärbungen
Man sollte vermeiden, Bohnen mit Brandflecken zu kaufen – sie haben kein Aroma. Gelb gewordene Bohnen sind überreif und trocken.

Zubereitung
Bohnen vor der weiteren Verwendung für ca. eine Minute in wenig kochendes Salzwasser geben (blanchieren) und dann sofort kalt abschrecken. So behalten sie ihre Farbe und garen nicht nach.
Als Rohkost sind Bohnen völlig ungeeignet. Sie enthalten Blausäure, die erst beim Kochen abgebaut wird.

Siehe **Hülsenfrüchte**, Seite 74

Braten
Anbraten
Beim Braten sollte das Fett sehr heiß sein (siehe **Bratfett**, Seite 24), damit sich die Fleischporen so schnell wie möglich schließen. Das Bratgut erst wenden, wenn die Unterseite gebräunt ist und kross aussieht. Sonst

weiter geht's mit **Braten**

klebt das Fleisch am Topf- oder Pfannenboden an.

Aufschneiden
Bratenfleisch wird immer quer zur Faser aufgeschnitten, am besten auf einem Schneidebrett mit Saftrille. Dann geht nichts vom kostbaren Fleischsaft verloren.

Flüssigkeit
Schmorflüssigkeit, die während des Garens zugegeben wird, sollte heiß sein und seitlich vom Braten angegossen werden. Heiße Flüssigkeit verdampft nicht so schnell wie kalte, und die Brattemperatur sinkt nicht ab. Als Flüssigkeiten eignen sich Wasser, Brühe und Wein; bei einem Schweinebraten passt auch Bier, Wild verträgt einen Schuss Weinbrannt. Auch Ananassaft macht sich bei einigen Braten hervorragend, da er ihnen ein frisches Aroma verleiht. Die Enzyme der Ananas werden durch die Brathitze vernichtet (siehe Seite 12 und **Feige**, Seite 48).

Kruste
Relativ fette Braten (zum Beispiel vom Schwein) werden schön kross, wenn man sie ca. 30 Minuten vor Ende der Garzeit einige Male mit Salzwasser, Bier oder Ananassaft bestreicht.
Weniger fette Braten (zum Beispiel vom Rind) bekommen eine knusprige Kruste, wenn sie ca. 20 Minuten vor Ende der Garzeit mit Honig eingepinselt werden.

Nachgaren
Große Braten garen bis zu zehn Minuten nach, da das Fleisch die Hitze sehr lange hält. Das sollte man bei der Garzeit berücksichtigen.

Ruhen lassen & warm halten
Einen Braten sollte man vor dem Aufschneiden generell zehn Minuten

weiter geht's mit **Braten**

ruhen lassen. Dann kann sich der Fleischsaft gleichmäßig verteilen. Den Braten zum Schutz vorm Austrocknen in Alu- oder Backfolie packen und in den warmen Backofen (ca. 80 °C) legen. Braten mit einer krossen Kruste sollte man gleich servieren.

Soße

Aus dem Bratenfond lässt sich eine geschmacksintensive, aromatische Soße zubereiten (siehe Seite 139).

Bratfett

Zum Braten verwendet man am besten ein Fett, das hohe Temperaturen verträgt und wenig bis gar kein Wasser enthält, dann spritzt es nicht so leicht.
Öle oder Fette sollten heiß sein, wenn man das Gargut einlegt. Um die Temperatur zu prüfen, gibt es zwei Methoden:

- Kurz einen Holzlöffel ins Fett halten. Wenn sich am Holz Bläschen bilden, ist das Fett heiß.
- Einen Brotwürfel ins Fett geben. Bekommt er innerhalb von ca. 40 Sekunden eine goldbraune Farbe, hat das Bratfett eine Temperatur von mindestens 180 °C bis 190 °C und ist heiß genug.

Siehe **Fett**, **Frittierfett**, Seite 49

Bratkartoffeln

Kross braten
- Hauchdünn geschnittene Scheiben aus rohen Kartoffeln in wenig Mehl wenden. Sie werden durch das Mehl schön kross.
- Die Kartoffelscheiben erst wenden, wenn sie auf der Unterseite fertig gebräunt sind. Je häufiger man sie wendet, desto mehr Bratfett nehmen sie auf und werden dann nicht mehr knusprig.

weiter geht's mit **Bratkartoffeln**

Sorten

Für Bratkartoffeln eine fest kochende Sorte verwenden (siehe Seite 85).

Zubereitung

- Das Bratfett sollte richtig heiß sein, dann schließen sich die Poren der Kartoffelscheiben schneller und bilden eine schöne Kruste.
- Am besten gelingen Bratkartoffeln in beschichteten Pfannen, da aufgrund der Beschichtung keine größeren Mengen an Bratfett erforderlich sind.
- Die Kartoffelscheiben höchstens schuppenförmig in die Pfanne legen, auf keinen Fall übereinander.

Mit gekochten Kartoffeln

Bartkartoffeln gelingen am besten mit völlig ausgekühlten Pellkartoffeln. Nicht zu viel Fett in die Pfanne geben, sonst saugen sich die Kartoffelscheiben zu voll. Die Bratkartoffeln von beiden Seiten bei großer Hitze kross braten und sofort servieren.

Mit rohen Kartoffeln

Die Kartoffelscheiben waschen und mit Küchenkrepp trockentupfen. Auch hier nicht zu viel Fett in die Pfanne geben, sonst saugen sich die Kartoffelscheiben zu voll. Die Kartoffeln bei mittlerer Hitze 15 bis 20 Minuten von beiden Seiten garen. Die Brattemperatur darf nicht zu hoch sein.

Bratwürste

Damit Bratwürste beim Garen nicht aufplatzen, kann man sie vorab entweder kurz in warme Milch oder in heißes (nicht kochendes!) Wasser legen. Knusprig werden die Würste, wenn man sie langsam bei mittlerer Hitze von beiden Seiten brät.

B

Brokkoli

- Generell sollte man Brokkoli nicht roh verzehren (siehe **Bohnen**, Seite 21)
- Brokkoli vor der weiteren Verarbeitung immer kurz in wenig kochendes Salzwasser geben (blanchieren), herausnehmen und mit kaltem Wasser abbrausen – so behält er Vitamine, Geschmack und Farbe.

Brötchen

Brötchen vom Vortag lassen sich knusprig aufbacken:

- Backofen auf 180 °C vorheizen.
- Brötchen entweder anfeuchten oder eine Schüssel Wasser mit in den Backofen stellen.
- Brötchen fünf bis zehn Minuten backen.
- Sofort servieren und verzehren, da aufgebackene Brötchen schnell trocken und zäh werden.

Brot

Altbackenes Brot

- Altbackenes, also härteres Brot, in ein sauberes, feuchtes Küchentuch einschlagen und für 24 Stunden in den Kühlschrank legen. Herausnehmen und knapp zehn Minuten im Backofen bei 200 °C aufbacken.
- Altbackenes Weißbrot kann man noch zum Binden verwenden (siehe **Hackfleisch**, **Lockerung**, Seite 71) oder zum Reiben von Semmelbröseln.

Einfrieren und auftauen

Frisches Brot am besten noch warm fest in Klarsichtfolie packen und sofort einfrieren. Oder man friert einzelne, frische Brotscheiben ein. Zum Auftauen die Klarsichtfolie entfernen und das Brot auf Küchenkrepp legen. Will man das Brot (oder die Brotscheiben) gleich verzehren, gibt man es unaufgetaut direkt aus dem Ge-

weiter geht's mit **Brot**

frierfach in den Backofen und lässt es bei 180 °C bis 200 °C, je nach Dicke des Brotes, aufbacken. Vorsicht: Aufgebackenes Brot sollte sofort verzehrt werden, da es schnell hart wird.

Lagern
Angeschnittenes Brot sollte man auf die Schnittfläche legen. Am besten hält sich Brot in einem Leinensack oder einem Brottopf, denn dort kann die Luft zirkulieren. Wenn man ein Stück Apfel oder rohe Kartoffel in den Brotbehälter gibt, bleibt es länger frisch.

Brühe

Siehe **Fleischbrühe**, Seite 57
Siehe **Gemüsesuppe**, Seite 65
Siehe **Huhn**, **Suppe**, Seite 73

Butter

Butter besteht zu mindestens 82 Prozent aus Fett und darf maximal 16 Prozent Wasser enthalten.

Binden
Eiskalte Butter in kleinen Stücken mit einem Schneebesen in die heiße Soße einrühren – nicht mehr kochen lassen (siehe Seite 139).

Ersatz
Margarine (siehe Seite 99) wird als Butterersatz bezeichnet, was aber aufgrund der Zusammensetzung der Margarine nicht ganz richtig ist. Nahezu identisch ist eine Bio-Margarine. Als Butterersatz in Kuchenteigen empfiehlt sich ein leichtes, geschmacksneutrales Öl, zum Beispiel Sonnenblumenöl. Pro 100 Gramm Butter rechnet man ca. 80 Milliliter Öl.

Klären
Klären heißt, der Butter den Flüssig-

B

weiter geht's mit **Butter**

keitsanteil zu entziehen. Dazu die Butter in einem Topf erhitzen, bis drei Schichten erkennbar sind: eine dünne Schaumschicht oben, eine gelbe, dickflüssige Schicht in der Mitte und am Boden ein milchigweißer Satz. Die obere und untere Schicht enthalten Wasser, die Mittelschicht das reine Butterfett. Man schöpft die obere Schicht ab und gießt die Butterschicht vorsichtig ab, so dass der Bodensatz im Topf bleibt.

Siehe **Kräuterbutter** Seite 91

Lagerung

Angebrochene Butter hält im Kühlschrank in einer Butterdose ca. zehn Tage. Butter kann man auch sehr gut einfrieren, ohne dass die Qualität darunter leidet.

Mehl-Butter

Zum Binden einer heißen Soße (siehe Seite 139) einen Kloß aus gleichen Teilen Mehl und Butter formen und diesen in die heiße Soße einrühren. Zumeist verwendet man 20 Gramm Mehl und 20 Gramm Butter.

Schaumig schlagen

Butter wird besonders schaumig beim Schlagen, wenn sie Zimmertemperatur hat.

Verbrennen

Butter verbrennt beim Erhitzen nicht so schnell bzw. wird nicht schwarz, wenn man etwas Speiseöl zugibt.

Buttercreme

- Damit die Buttercreme schön glatt und geschmeidig wird, sollten alle Zutaten Zimmertemperatur haben und gleichmäßig miteinander verrührt werden.
- Für die kalorienbewusste Variante nimmt man jeweils einen Teil Buttercreme und einen Teil Vanillepudding.

Buttermilch

Buttermilch ist die klassische Beizgrundlage für Wild und Wildgeflügel. Sie macht das eher trockene Wildfleisch schön mürbe und nimmt ihm den strengen Geruch (siehe **Wild**, Seite 153).

Butterschmalz

Butterschmalz ist die Verkehrsbezeichnung für geklärte Butter (siehe **Klären**, Seite 27).
Da Butterschmalz kaum Wasser enthält, eignet es sich besonders gut zum Braten bei hohen Temperaturen. Außerdem ist es lange haltbar.

MAGGI's Rinds-Bouillon

ein Hochgenuß!

C

Champignons

Chili

Crème fraîche

Crêpes

Croutons

Currypulver

Chicorée

Champignons

Aufwärmen
Gerichte mit Champignons (ebenso wie mit **Spinat**, siehe Seite 143) können wieder erhitzt werden. Man sollte jedoch darauf achten, dass die Reste schnell abkühlen. Dazu füllt man sie am besten in eine Porzellan- oder Glasschüssel und stellt sie in den Kühlschrank, sobald sie etwas abgekühlt sind.

> **Wussten Sie schon:**
> Früher verwendete man zum Kochen Töpfe aus reinem Aluminium. Zudem gab es wenig bis gar keine Kühlmöglichkeiten. Die Reste der Speisen kühlten also sehr langsam im Aluminiumtopf ab und wurden bei Zimmertemperatur aufbewahrt. Diese Kombination – Aluminium und Wärme – setzt bei Champignons, Spinat und Rhabarber chemische Reaktionen in Gang, bei denen für den Menschen unbekömmliche Stoffe entstehen.

Lagerung
Champignons mögen es kühl, dunkel und trocken. Am besten gibt man sie in einer Papiertüte in das Gemüsefach des Kühlschranks, dann halten sie sich ca. drei Tage.

Putzen
Frische Zuchtchampignons werden nicht gewaschen. Es reicht, sie mit einem Küchentuch abzureiben und das Stielende abzuschneiden. Wenn Erdreste anhaften, braust man die Champignons kurz unter fließendem Wasser ab und tupft sie mit Küchenkrepp sofort trocken. Dann saugen sie sich nicht mit Wasser voll.

Qualität
Frische Champignons werden als 1. oder 2. Wahl angeboten. Die Champignons 1. Wahl haben eine fest verschlossene Kappe und eine makellose Oberfläche. Bei der 2. Wahl können die Schirme geöffnet sein.

weiter geht's mit **Champignons**

Geschmacklich besteht kein Unterschied. Zu Dekorationszwecken sollte man aber besser zur 1. Wahl greifen.

Rohkost

Möchte man die Champignons roh verwenden, zum Beispiel im Salat, werden sie nach dem Putzen und Schneiden sofort mit Zitronensaft beträufelt. So bleiben sie schön hell.

Schneiden

Ein Ei-Schneider eignet sich hervorragend, um frische Champignons in gleichmäßige Scheiben zu teilen.

Zubereitung

- Champignons haben einen hohen Wasseranteil. Sie trocknen nicht schnell aus und eignen sich deshalb hervorragend fürs Garen bei hohen Temperaturen (zum Beispiel Braten, Grillen, Frittieren).
- Man sollte sie erst nach dem Dünsten salzen, da ihnen sonst zu viel Wasser entzogen wird.

Chicorée

Lagern

Chicorée wächst im Dunkeln und sollte auch dunkel gelagert werden, da sich sonst die Blattspitzen grün färben. Im Gemüsefach hält er sich ca. eine Woche.

Zubereitung

Chicorée wird milder im Geschmack,
- wenn man ihn für ca. fünf Minuten in warmes Wasser oder Milch legt. Man sollte jedoch bedenken, dass er dabei nicht nur seine Bitterstoffe verliert, sondern auch Vitamine und Mineralstoffe reduziert.
- wenn man den Strunk keilförmig herausschneidet.

Chili

Chilis gibt es in über 100 Sorten und mit unterschiedlichster Schärfe.

Mildern

Der für die Schärfe verantwortliche Stoff ist das Capsanthin, das sich hauptsächlich in den Kernen und Trennwänden befindet. Wenn man Trennwände und Kerne entfernt, wird der Geschmack milder.

Zubereitung

Die Schärfe der Chilischote haftet lange auf der Haut, auch nach dem Händewaschen. Wenn man Chili verarbeitet hat, sollte man deshalb vermeiden, Augen oder Nase zu berühren. Die Schleimhäute reagieren höchst empfindlich auf diesen Scharfmacher. Wer bei der Verarbeitung von Chilis Gummihandschuhe trägt, ist auf der sicheren Seite.

Crème fraîche

Sie hat ihren Ursprung in der feinen französischen Küche. Es handelt sich um ein Dickmilchprodukt aus Sahne mit einem Fettgehalt von mindestens 30 Prozent. Crème fraîche wird gerne zur Verfeinerung von Soßen verwendet.

Binden

Ca. fünf Minuten vor Ende der Garzeit die gewünschte Menge Crème fraîche in die Suppe oder Soße einrühren. Das Eiweiß der Crème fraîche gerinnt und bindet die Flüssigkeit. Wichtig: Das Gericht auf keinen Fall nochmals aufkochen lassen.

Crêpes

Crêpes sind dünne Pfannkuchen (siehe Seite 121). Für die Zubereitung werden alle Zutaten glatt miteinander verrührt. Dann lässt man den Teig kurz ruhen, damit die im Mehl

iter geht's mit **Crêpes**

enthaltene Stärke ausquellen kann. Falls der Teig zu zähflüssig wird, vor dem Backen noch etwas Flüssigkeit einrühren.

Backen

Wenig Butter oder Butterschmalz in einer Pfanne erhitzen und mit einem Pinsel auf dem Boden verstreichen. Den Teig mit einer Schöpfkelle dünn einfließen lassen und bei mittlerer Hitze backen. Ist die Temperatur zu niedrig, werden die Crêpes zäh und ledrig, bei zu hohen Temperaturen brennen sie schnell an.

Kochgeschirr

Crêpes und Pfannkuchen sollte man vorzugsweise in beschichteten oder gusseisernen Pfannen zubereiten. Gusseiserne Pfannen am besten nur mit Küchenkrepp und etwas Salz reinigen und danach mit etwas Speiseöl ausreiben. Beschichtete Pfannen einfach mit Küchenkrepp aus-

wischen – fertig. Spülen empfiehlt sich nur dann, wenn die Pfannen selten zum Einsatz kommen oder stark verschmutzt sind.

Wenden

Die Crêpes lassen sich am einfachsten wenden, wenn man sie mit einem langen, breiten Messer oder einem Pfannenwender vorsichtig vom Pfannenboden löst und über das Messer oder den Pfannenwender schlägt. Es gibt spezielle Wendemesser für Crêpes, die man als „Palette" bezeichnet.

Vorsicht bei der Verwendung einer beschichteten Pfannen: Mit einem Messer kann man leicht den Pfannenboden zerkratzen.

Croutons

Die kleinen, in Butter gerösteten Brotwürfel lassen sich im Backofen oder der Pfanne zubereiten. Am

weiter geht's mit **Croutons**

besten geeignet ist altbackenes Weißbrot, das man in gleich große Würfel schneidet.

Sollen die Croutons einen kräftigen Geschmack haben, verwendet man eine dunkle Brotsorte, zum Beispiel ein Roggenmischbrot.

Currypulver

Currypulver besteht aus mindestens 20 Einzelgewürzen und schmeckt in jeder landestypischen Küche anders.

Garen

Curry sollte vor dem weiteren Verarbeiten erst in wenig Fett bei mittlerer Hitze angeschwitzt werden, damit es seinen Geschmack voll entfalten kann.

D/E

Dill
Eier
Eigelb
Eischnee
Eiweiß
Ente
Erbsen
Erdbeere
Essenz
Essig
Endivien

D/E

Dill

Dieses Küchenkraut verträgt keine Hitze. Die ätherischen Öle werden durch Hitzeeinwirkung sofort zerstört. Der Dill verliert sein Aroma und seine Farbe. Daher sollte man Dill immer erst kurz vor dem Servieren zufügen.

Siehe **Kräuter**, Seite 90

Eier

Abschrecken
Eier sollte man nach dem Kochen kalt abschrecken, sonst garen sie nach.

Ankleben, am Karton
Man legt den Eierkarton am besten in lauwarmes Wasser und lässt ihn aufweichen.

Ankleben, am Messer
Hart gekochte Eier kleben beim Aufschneiden nicht am Messer, wenn man es kurz in heißes Wasser taucht.

Beschädigte Eier
Auch wenn die Schale leicht beschädigt ist, kann man ein Ei noch kochen. Man wickelt es fest in Alufolie ein und gibt es ins kochende Wasser.

Braune Eier
Braune und weiße Eier sind, entgegen vieler Behauptungen, bei gleicher Qualitätsstufe gleich im Geschmack. Der einzige Unterschied besteht in der Schale: die von weißen Eiern ist dünner.

Einfrieren
Eier lassen sich einfrieren. Man trennt dazu Eigelb und Eiweiß, gibt sie in zwei verschiedene Behältnisse und friert sie ein.

weiter geht's mit **Eier**

Frischetest

- Beim Einkauf das Mindesthaltbarkeitsdatum auf dem Eierkarton beachten.
- Das Ei in ein Glas Wasser legen. Ein frisches Ei enthält selbst viel Wasser. Dadurch ist es relativ schwer und bleibt am Glasboden liegen. Ein ca. sieben Tage altes Ei enthält mehr Luft. Es richtet sich im Glas leicht auf, die Eispitze zeigt dabei nach unten. In einem noch älteren Ei hat sich so viel Luft angesammelt, dass es zur Oberfläche aufsteigt und im Wasser schwimmt.
- Auch an der Eiweißstruktur lässt sich das Alter eines Eis ablesen. Umschließt das Eiweiß nach dem Aufschlagen das Eigelb wie einen Mantel, ist das Ei frisch. Fließt das Eiweiß vom Eigelb weg, ist es ein älteres Ei.

Größen

Eier gibt es in vier Größen:
S (small, bis 52 g)
M (medium, zwischen 53 und 62 g)
L (large, zwischen 63 und 72 g)
XL (extra large, über 72 g)
Wenn nicht anders angegeben, werden in Rezepten Eier der Größe M verwendet.

Gekocht oder roh

Wenn man nicht weiß, ob ein Ei roh oder gekocht ist, dreht man es um seine eigene Achse: Gekochte Eier drehen sich fast wie ein Kreisel, rohe langsam und nur kurz.

Hart gekocht

Der Dotter behält seine goldgelbe Farbe, wenn man die Eier fünf Minuten kochen und dann weitere fünf Minuten im heißen Wasser ziehen lässt.

E

weiter geht's mit **Eier**

Kochen

Damit Eier nicht platzen:
- auf der stumpfen Seite mit einer Nadel anstechen
- etwas Essig ins Kochwasser geben.

Es kann vorkommen, dass sich das Eigelb beim Kochen verfärbt. Das ist jedoch kein Hinweis auf mangelnde Frische.

Siehe **Omelett**, Seite 114

Rührei
- Fett in einer Pfanne erhitzen und die Eimasse zufügen. Wenn das Ei am Pfannenrand stockt, die bereits feste Masse mit einem Pfannenwender oder Kochlöffel zur Mitte hin schieben. Diesen Vorgang wiederholen, bis die Eimasse vollständig gestockt ist. So erhält man ein lockeres, feinporiges Rührei.
- Rührei wird herrlich luftig, wenn man die rohen Eier mit etwas kohlensäurehaltigem Mineralwasser verquirlt.

Schälen

Gekochte Eier lassen sich leicht schälen, wenn man sie direkt nach dem Kochen mit kaltem Wasser abschreckt.

Spiegelei
- Ei in heißes Fett aufschlagen und dann langsam garen.
- Während des Bratens nicht salzen, der Eidotter würde sonst fleckig werden.
- Wenn das Spiegelei eine schöne gleichmäßige Form bekommen soll, verwendet man sogenannte „Pfannenformen".

Teigzubereitung – Backen

Bevor man den Teig zubereitet, die Eier ca. 30 Minuten bei Zimmertemperatur stehen lassen. Sie bekommen dann beim Aufschlagen ein größeres Volumen und der Teig wird lockerer.

weiter geht's mit **Eier**

Trennen

Kalte Eier lassen sich besser trennen als warme. Zudem sollte man darauf achten, dass kein Eigelb in das Eiweiß gelangt (siehe Seite 42).

Eigelb

Aufbewahren

Wenn man unversehrtes Eigelb mit kaltem Wasser bedeckt, lässt es sich im Kühlschrank bis zu zwei Tage aufbewahren.

Bestreichen

Zum Bestreichen kann man

- Eigelb mit etwas Wasser und einer Prise Salz verrühren und mit dieser Mischung das Gericht bestreichen. Es erhält dadurch eine schöne Kruste.
- Eigelb mit etwas Sahne verrühren und das Gericht damit bestreichen. Es erhält dadurch eine gleichmäßige Bräunung.

Eischnee

Teige und andere schwere Massen werden durch das Zufügen von Eischnee locker. Der Eischnee sollte nach dem Schlagen sofort verarbeitet werden, sonst verflüssigt er sich wieder.

Unterheben

- In feste Massen rührt man zwei Drittel des Eischnees ein und hebt dann den Rest vorsichtig unter.
- Bei flüssigen Massen gibt man den Eischnee portionsweise zu und hebt ihn jeweils vorsichtig unter – so behält er seine Struktur und bindet dennoch.

Schnittprobe

- Man kann ein Messer durch den Eischnee ziehen. Hinterlässt es einen sichtbaren Schnitt, ist der Eischnee fest.
- Oder man dreht vorsichtig die Schüssel um: Fester Eischnee bleibt in der Schüssel haften.

E

Eiweiß

Aufbewahren

Eiweiß lässt sich in einem verschlossenen Gefäß bis zu vier Tage im Kühlschrank aufbewahren.

Steif schlagen – Eischnee

- Eiweiß in einer sauberen, fettfreien Schüssel schlagen.
- Das Eiweiß wird schneller steif, wenn man eine Prise Salz oder Zucker zufügt.
- Schnittprobe: siehe Eischnee, Seite 41

Trennen

Wenn man Eier trennt, sollte man darauf achten, dass kein Eigelb in das Eiweiß gelangt. Selbst kleine Eigelbmengen können dazu führen, dass sich das Eiweiß nicht steif schlagen lässt (siehe **Ei, Trennen**, Seite 41).

Verschließen von Teigrändern

Eiweiß auf die Teigränder streichen und diese fest zusammendrücken.

Endivien

Lagerung

Endivien können über einen längeren Zeitraum gelagert werden, wenn man sie in wenig Erde steckt und zum Beispiel in einen kühlen, dunklen Keller stellt.

Zubereitung

- Den Strunk großzügig entfernen, er enthält viele Bitterstoffe.
- Dann Endivien putzen, die Blätter in lauwarmem Wasser waschen und anschließend in dünne Streifen schneiden.

Ente

Ente ist ein fettreiches Geflügel (siehe Seite 62). Doch sie verliert

weiter geht's mit **Ente**

ihr Fett, wenn man die Haut während des Bratens mehrfach einsticht. Aus dem ausgelaufenen Fett kann man Entenschmalz zubereiten. Dazu das noch heiße Bratfett durch einen Kaffeefilter abgießen und kalt stellen. Gut gekühlt hält sich das Schmalz ca. sechs Monate. Es schmeckt als Brotaufstrich und kann als aromareiches Bratfett verwendet werden.

Erbsen

- Generell werden Erbsen vor der weiteren Verwendung kurz in kochendes Salzwasser gegeben (blanchieren), kalt abgeschreckt und dann entsprechend des Rezeptes zubereitet (siehe **Gemüse, Zubereitung**, Seite 66). So behalten sie ihre schöne grüne Farbe.
- Etwas Natron im Blanchier- oder Kochwasser bewahrt die Farbe.
- Eine Prise Zucker unterstreicht den Geschmack.
- Tiefgefrorene Erbsen werden erst zehn Minuten vor Ende der Garzeit dem Gericht zugefügt.

Erdbeere

- Für Erdbeeren gilt prinzipiell: Erst waschen, dann putzen, dann schneiden – sonst saugen sich die aromatischen, aber empfindlichen Früchte voll Wasser und verlieren ihr Aroma.
- Erdbeeren reagieren sehr sensibel auf Druck. Deshalb empfiehlt es sich, die Früchte nicht in einer Schüssel oder Papiertüte aufzubewahren, sondern auf einem Tablett nebeneinander zu legen.
- Als Faustregel gilt: Kleinere Früchte haben ein intensiveres Aroma als größere.

E

Essenz

Unter Essenz versteht man feine aromatische Auszüge von Kräutern oder Früchten, die zumeist in Alkohol eingelegt werden. Es gibt Essenzen jedoch auch als Öle oder in Pulverform. Essenzen sind sehr intensiv in ihrem Geschmack.

Die Essenz verträgt keine Hitze und hat ein sehr feines, leicht flüchtiges Aroma. Deshalb sollte sie immer erst nach dem Garen und kurz vor dem Servieren zugegeben werden.

Essig

Essig gibt es in unzähligen Sorten. Man schätzt ihn als Würze und auch als Konservierungsmittel. Dank seiner natürlichen Desinfektionskraft wird Essig zudem gerne als Putzmittel eingesetzt, und man benutzt ihn als Entkalker.

Essigessenz

Wie Essig wird auch Essigessenz sowohl als Würze wie auch als Putzmittel und Entkalker verwendet. Aufgrund ihrer leicht ätzenden Wirkung sollte sie jedoch nur verdünnt zum Einsatz kommen. Gerade als Putzverstärker spielt Essigessenz eine wichtige Rolle, da sie gut reinigt und schlechte Gerüche bindet.

Lagerung

Alle Essigsorten sollten in Glasflaschen kühl und dunkel gelagert werden. Angebrochene Essige halten sich über mehrere Jahre. Älterer Essig kann Trübstoffe enthalten, was jedoch kein Zeichen für eine Qualitätseinbuße ist. Am besten den Essig durch einen Kaffeefilter in eine saubere Flasche abgießen.

Sorten allgemein

- Apfelessig: aus reinem vergorenem Apfelwein

weiter geht's mit **Essig**

- Kräuteressig: mit Kräuterauszügen und -aromen, wie zum Beispiel Estragonessig und Dillessig
- Obstessig: aus reinem vergorenem Obstwein
- Tresteressig: aus reinem Traubenmost vergoren, wie zum Beispiel der berühmte italienische Aceto Balsamico (siehe Seite 18)
- Weinessig: aus vergorenem Rot- oder Weißwein, eventuell mit Kräuterauszügen angereichert. Wenn die Maische eines Weinessigs nicht nur aus Wein, sondern zusätzlich aus Branntwein besteht, muss auf dem Flaschenetikett darauf hingewiesen werden.

Verfärben

Die Säure im Essig verhindert, dass sich angeschnittenes Obst oder Gemüse verfärbt.

FRÜHSTÜCK-
SUPPEN
SCHUTZMARKE KREUZ-STERN
GEMÜSE- u. KRAFT-
SUPPEN
MAGGI
BOUILLON-
KAPSELN
Maggi zum Würzen
MAGGI

F

Fisch
Feige
Fischgeruch
Fett
Fischsud
Fondue
Frittieren
Filoteig
Frikadellen

Fleisch   Fond

Fleischbrühe

F

Feige

Der Feigensaft enthält das Enzym Ficin. Es wirkt ähnlich wie das Bromelin der Ananas (siehe Seite 12) bzw. Kiwi (siehe Seite 88) und wie das Papain der unreifen Papaya (siehe Seite 118). Es macht Fleisch zart und verleiht, wenn es mitgegart wird, den Speisen eine fruchtige Note.

Fett

Fett ist ein Nährstoff für die menschlichen Zellen und ein wichtiger Geschmacksträger in Speisen. Man unterscheidet gesättigte und ungesättigte Fettsäuren. Da wir mit unserer Nahrung ohnehin genügend gesättigte Fette aufnehmen (siehe **versteckte Fette**, Seite 49), empfiehlt es sich, verstärkt auf die gesunden, ungesättigten Fette zurückzugreifen. Diese sind zum Beispiel in hochwertigen Pflanzenölen enthalten.

Entfetten, siehe **Suppe**, Seite 144

Entsorgen
Um einen Tropfen Fett aus dem Abwasser zu filtern, werden 100 Liter Trinkwasser benötigt. Deshalb gehört Fett auf gar keinen Fall in den Ausguss! Am besten, man reibt den Topf oder die Pfanne mit Küchenkrepp aus und entsorgt dies über den Haushaltsmüll.

Fettsorten
- Butter (siehe Seite 27)
- Butterschmalz (siehe Seite 29)
- Halbfettmargarine
- Margarine (siehe Seite 99)
- Öl (siehe Seite 113)
- Pflanzenfett, zum Beispiel Palmin (Kokosfett)
- Schmalz (zumeist vom Schwein)

weiter geht's mit **Fett**

Lagerung
Fette und Öle sollten kühl, dunkel und trocken gelagert werden. Ganz nach Fettart bewegen sich die Lagerzeiten zwischen drei Monaten und einem Jahr.

Versteckte Fette
Von „versteckten" Fetten spricht man, wenn das Fett nicht ohne weiteres in der Speise erkennbar ist. So enthalten zum Beispiel Käse, Wurst und Nüsse größere Fettmengen, die man jedoch nicht sieht. Bei abgepackten Lebensmitteln ist der Fettgehalt auf der Packung vermerkt.

Frittieren

Beim Frittieren wird die Speise außen schön knusprig und bleibt dabei innen saftig. Häufig bekommt das Frittiergut zum Schutz vor dem heißen Öl eine Panade-Hülle (siehe Seite 118). Nur sehr stärkehaltige Produkte, wie zum Beispiel Kartoffeln, benötigen diese Hülle nicht.

Fettmenge
Das Frittierfett sollte das Gargut mindestens 2 cm hoch bedecken.

Frittierfett
Das Fett muss sehr hohen Temperaturen standhalten. Hierzu eignen sich am besten pflanzliche Öle wie Distelöl, Erdnussöl und Maiskeimöl, aber auch Kokosfett. Die empfohlene Höchsttemperatur ist jeweils auf der Verpackung vermerkt.

Knusprig
Das Fett sollte zwischen 170 °C und 190 °C heiß sein. Das ist der Fall, wenn es am Topfboden Bläschen bildet. Dann wird das Frittiergut in kleinen Portionen hineingegeben und gegart (siehe **Kartoffel**, Seite 84).

weiter geht's mit **Fett**

Sicherheitsvorkehrungen

Vorsicht – heißes Fett verursacht auf der Haut schlimme Verletzungen! Das Fett darf auch nicht zu stark erhitzt werden, denn dann entzündet es sich leicht. Wenn keine Fritteuse vorhanden ist, verwendet man am besten einen Topf von der Größe der Herdplatte und füllt ihn maximal zu einem Drittel mit Frittierfett. Dann ist die Gefahr geringer, dass das Fett herausspritzt. Das Frittiergut sollte so trocken wie möglich sein – auch das verringert die Spritzgefahr. Für die Zubereitung eignen sich kleine Drahtkörbe mit Stiel. Man legt das Gargut hinein und taucht den Korb aus sicherer Entfernung in das Fett.

Temperaturtest

Als Ersatz für ein Bratenthermometer kann ein Brotwürfel dienen: Wenn er nach ca. 40 Sekunden im heißen Fett goldbraun wird, ist die richtige Frittiertemperatur von ca. 180 °C bis 190 °C erreicht.

Wieder verwenden

Am besten gießt man das noch warme, aber nicht mehr heiße Fett durch einen Kaffeefilter in ein Porzellan- oder Metallgefäß ab. So bleiben Trübstoffe und Reste vom Frittiergut hängen und man erhält ein klares Fett. Es sollte kalt und dunkel aufbewahrt werden.
Frittierfett nimmt den Geschmack des Garguts an. Daher sollte man ein Fett, in dem zum Beispiel Fisch ausgebacken wurde, auch nur zum weiteren Fischausbacken verwenden. Generell sollte man Frittierfett nicht häufiger als dreimal verwenden.

Würzen

Gargut, das nicht in Panade oder einen Teigmantel gehüllt ist, sollte man erst nach dem Ausbacken und Abtropfen würzen. Salz könnte dem Gargut zu viel Wasser entziehen.

Zubereitung

Das zimmerwarme Gargut in kleinen Portionen im ca. 180 °C heißen Fett

weiter geht's mit **Fett**

frittieren bis sich eine goldgelbe Kruste bildet. Mit einer Schaumkelle herausheben, auf Küchenkrepp abtropfen lassen und sofort servieren. Frittiertes schmeckt heiß am besten.

Filoteig

Filoteig ist ein hauchdünner Strudelteig, den man wegen seines neutralen Geschmacks beliebig füllen kann. Filoteig erhält man als tiefgekühlte Ware in Supermärkten sowie in türkischen und griechischen Geschäften. Zubereitung: Den Teig über Nacht im Kühlschrank in der Verpackung auftauen lassen. Vor dem Öffnen die Packung ca. zwei Stunden bei Zimmertemperatur stehen lassen. Blätter zudecken, bis sie verwendet werden, sie trocknen leicht aus.
Nicht verwendete Blätter in Folie packen. Sie können zwei Wochen im Kühlschrank gelagert werden.

Fisch

Arten

Man unterscheidet Süßwasser- und Salzwasserfische.
Zu den bekanntesten Süßwasser-Speisefischen gehören Barsch, Forelle, Hecht, Karpfen, Saibling und Zander. Aus salzigen Gewässern stammen Gold-/Rotbarsch, Goldbrasse, Hering, Kabeljau (als Jungfisch Dorsch genannt), Makrele, Scholle, Seelachs, Seezunge, Seeteufel und Steinbutt. Aal und Lachs sind, abhängig von ihrem Lebenszyklus, im Süß- und im Salzwasser heimisch.

Blau kochen

- Die Blaufärbung erhält der Fisch durch die Zugabe von Essig oder Zitronensaft in das Kochwasser.
- Der Fisch muss unbedingt frisch sein. Er bekommt nur dann eine schöne bläuliche Farbe, wenn seine Schleimhaut unversehrt ist

weiter geht's mit **Fisch**

und wenn er weder geschuppt noch gesalzen wird.

Einschneiden
Bauchige Fische, die man grillen, braten oder dünsten möchte, kann man 3- bis 4-mal auf jeder Seite schräg einschneiden (ziselieren). Dann platzt die Haut nicht auf, und der Fisch gart gleichmäßig.

Filet
Tiefgefrorene oder frische Fischfilets eigenen sich hervorragend für die schnelle Küche. Die Filets sollten nicht zu dünn und von einheitlicher Stärke sind. So garen die Filets an den Enden und in der Mitte gleichmäßig und bleiben saftig.

Frischetest
Frischen Fisch erkennt man daran, dass
- die Augen klar sind,
- die Kiemen rot sind,
- die Schuppen fest anliegen,
- der Fisch auf Druck leicht nachgibt und die Druckstelle schnell wieder zurückgeht.

Gargrad prüfen
Wenn der Fisch fertig gegart ist, lässt sich das Fischfleisch leicht mit einer Gabel zerpflücken und ohne Widerstand von den Gräten lösen.

Gefroren
Frisch gefischter Fisch wird häufig auf den Hochseeschiffen schockgefroren und erst dann portioniert. Das Fischfilet am besten über Nacht im Kühlschrank in einem Sieb über einer Schüssel auftauen lassen, damit die Flüssigkeit abtropfen kann. Vor der Weiterverarbeitung das Filet mit Küchenkrepp trockentupfen. Ein tiefgefrorenes Fischfilet kann beim Auftauen auseinanderfallen; deshalb empfiehlt es sich, es gefroren weiter zu verarbeiten.

weiter geht's mit **Fisch**

Lagerung
Am besten lagert man Fisch überhaupt nicht – je frischer man ihn isst, desto besser schmeckt er. Falls sich eine Lagerung nicht vermeiden lässt, sollte man Fisch immer an der kältesten Stelle (im untersten Bereich) des Kühlschranks maximal einen Tag aufbewahren.

Schuppen
Ganze Fische schuppt man am besten unter fließendem Wasser. Den Fisch am Schwanz festhalten und mit dem Messerrücken zum Kopf hin schuppen.

Vorbereiten
Hier gilt die 3–S-Regel:
Säubern: Man sollte Fisch immer unter fließend kaltem Wasser gut abspülen und anschließend trockentupfen.
Säuern: Fischfleisch ca. 15 Minuten vor dem Weiterverarbeiten mit Zitronensaft oder Essig beträufeln. Dadurch bleibt das Fleisch weiß und fest.

Salzen: Den Fisch erst unmittelbar vor dem Garen salzen, sonst verliert er Saft und wird trocken. Beim Grillen den Fisch erst nach dem Garen salzen.

Würzen
Die meisten Fische haben ein eher zartes Aroma. Um es nicht zu überdecken, empfiehlt sich eine dezente Würzung.

Zerfallen
Damit der Fisch in der Pfanne beim Wenden nicht zerfällt, sollte er auf der Bratseite bereits eine Kruste gebildet haben. Die Kruste zeigt an, dass sich die Poren geschlossen haben und der Fisch nicht am Topf- oder Pfannenboden klebt.

Fischgeruch
Wenn Hände oder Kochgeschirr nach Fisch riechen, reibt man sie mit Zitronen- oder Essigwasser ab und

weiter geht's mit **Fisch**

reinigt dann mit Spülmittel nach. Fischgeruch im Kühlschrank lässt sich vermeiden, wenn man ein Stück aufgeschnittene Zitrone dazulegt. Die Säure bindet die Geruchsstoffe (siehe Seite 154).

Fischsud

Die Karkassen (Fischskelette und andere Fischteile) vor dem Kochen gründlich kalt wässern. Das löst Trübstoffe heraus. Dann die Karkassen und alle weiteren im Rezept angegebenen Zutaten 20 bis höchstens 30 Minuten bei geringer Hitze ziehen lassen. Den Sud sofort abgießen, er wird sonst trüb und ungenießbar (siehe **Fond**, Seite 58).

Fleisch

Abhängen

Der Metzger lässt das Fleisch je nach Fleischart und Fleischstück abhängen. Während dieser Fleischreifung entwickelt sich das Aroma und das Fleisch wird schön mürbe. Die Reifedauer hängt von der jeweiligen Fleischart ab. Außer Geflügel müssen alle Fleischarten abhängen.

Wussten Sie schon?
Direkt nach dem Schlachten ist das Fleisch fest und damit zäh. Während des Abhängens bilden sich besonders bei Rind- und Wildfleisch Enzyme, die das Fleisch mürbe werden lassen.

Alufolie

Alufolie ist ein vielseitiges Hilfsmittel in der Küche, das gerne beim Grillen benutzt wird.

- Die glänzende Seite schirmt Hitze ab, die matte Seite lässt Hitze durch. Beim Warmhalten, zum Beispiel eines Bratens im Backofen, sollte also die glänzende Seite nach außen zeigen. Will

weiter geht's mit **Fleisch**

man ein Lebensmittel in Alufolie garen, zum Beispiel einen Fisch, muss die matte Seite außen liegen.
- Die Alufolie immer etwas einfetten. Dann das Gargut einlegen und die Folie fest verschließen.

Angebrannt

Angebranntes Fleisch kann man noch retten, wenn man die schwarzen Stellen großzügig wegschneidet. Danach das Fleisch waschen, trockentupfen und braten.

Aufschneiden

- Rohes Fleisch lässt sich in sehr dünne Scheiben schneiden, wenn man es kurz anfriert (zum Beispiel für Carpaccio).
- Fleisch immer quer zu den Fasern aufschneiden. Die Fasern werden dadurch kürzer und wirken beim Essen nicht zäh.

Farbe
Die dunkle Färbung bei Fleisch kann vier Ursachen haben:
- Das Fleisch stammt von einem naturgemäß dunklen Stück.
- Das Futter, das das Tier erhalten hat. So bewirkt Trockenfutter ein helleres Fleisch als Frischfutter. Frischfutter enthält Eisen, das eine dunklere Fleischfärbung hervorruft.
- Das Alter des Tieres – zum Beispiel ist Kalbfleisch viel heller als Rindfleisch.
- Das Fleisch ist abgehangen, das heißt, es hat Wasser verloren.

Fett – Marmorierung
Fettadern, die sich durch das Fleisch ziehen, sind ein Merkmal für seine Qualität. Durch diese sogenannte Marmorierung bleibt das Fleisch beim Garen zart und saftig.

F

weiter geht's mit **Fleisch**

Garprobe

Eine Garprobe für Fleisch wird mit dem Finger oder Löffelrücken durchgeführt, indem Druck auf das Fleischstück ausgeübt wird:

- Gibt das Fleisch stark nach und fühlt sich weich an, ist es noch roh und blutig.
- Gibt das Fleisch elastisch nach, ähnlich einem Gummiball, ist es rosa und saftig.
- Fertig durchgegartes Fleisch gibt nicht mehr nach – es fühlt sich fest an.

Garstufen für gebratenes Fleisch

Man unterscheidet vier Garstufen:

- ganz durch (engl.: well done – hier ist der Fleischsaft klar)
- halb durch (medium – der Fleischsaft ist rosafarben)
- blutig (medium rare – der Fleischsaft ist rötlich)
- stark blutend (rare – der Fleischsaft ist rot).

Geflügel, Kalb und Schwein (weißes Fleisch) sollte immer ganz durchgebraten werden. Wild sollte maximal rosafarben sein. Eine Zubereitungsart, bei der das Fleisch nicht vollständig durchgegart wird, eignet sich nur für Fleisch aus kontrollierter Tierzucht.

Grillen

Grillen gehört zu den gesunden Garmethoden, da das Lebensmittel zumeist ohne Fettzugabe im eigenen Saft schmort.

- Grillrost oder Grillfolie etwas einölen, so bleibt das Gargut nicht hängen.
- Faustregel: kleine Stücke – große Hitze und damit eine kurze Grilldauer; große Stücke – geringe Hitze und eine längere Grilldauer.
- In Öl mariniertes Grillgut verträgt große Hitze; mit Butter bestrichene Grilladen bräunen.

weiter geht's mit **Fleisch**

Klopfen

Durch das Klopfen werden die Fleischfasern verkleinert. Das Fleisch wird mürber und dadurch weitaus bekömmlicher.

Lagerung

- Muskelfleisch lässt sich im Kühlschrank drei bis vier Tage aufbewahren.
- Hackfleisch (siehe Seite 70) sollte am Tag des Einkaufs verwendet werden, da seine stark vergrößerte Fleischoberfläche Bakterien viel Angriffsfläche bietet.
- Auch durch das Einlegen in Marinaden (siehe Seite 99) lässt sich Fleisch länger aufbewahren.

Verfeinern

Wild, Fleisch oder Geflügel kann durch das Einlegen in eine Marinade (siehe Seite 99) aus Buttermilch, Wein oder Essig ein feineres Aroma gewinnen.

Würzen

Einige Fleischsorten wie Rind oder Schwein kann man vor dem Zubereiten dick mit Senf einstreichen. Der Senf würzt und aromatisiert das Fleisch.

Fleischbrühe

Für eine gute Brühe setzt man das Fleisch in kaltem Wasser auf und bringt es langsam zum Kochen. Ca. 30 Minuten vor Ende der Garzeit kommt das Suppengemüse dazu und alle Zutaten werden zusammen fertig gegart.
Für Kochfleisch (siehe **Tafelspitz**, Seite 148) kommt das Fleisch dagegen in kochendes Wasser. Dadurch verschließen sich schnell die Poren und das Fleisch bleibt saftig.

Zubereitung

Fleischbrühe nie sprudelnd kochen, stets bei geringer Hitze ziehen lassen,

F

weiter geht's mit **Fleischbrühe**

- da sonst die Flüssigkeit zu schnell verkochen würde;
- die Brühe trüb werden kann;
- die Brühe zu geschmacksintensiv werden kann.

Fond

Profiköche kochen ihre Suppen- und Soßengrundlage, den Fond, selbst. Kurz gesagt geht man dabei folgendermaßen vor:

- Für einen dunklen Fond werden die Knochen angeröstet. Nach der Hälfte der Röstzeit gibt man Würzgemüse und etwas Tomatenmark zu. Sie verleihen dem Fond einen kräftigen Geschmack und eine schöne Farbe.
- **Fischfond**
  Siehe **Fischsud**, Seite 54

Fondue

- Ein Stück rohe Kartoffel in den Topf geben. Es verringert die Gefahr, dass das heiße Öl überkocht.
- Ein Fleischfondue lässt sich anstatt mit Öl auch mit Brühe zubereiten. Diese Variante ist nicht so kalorienreich und man erhält zudem eine sehr geschmackvolle, kräftige Suppe.

Frikadellen

Gefrorenes Hackfleisch

Das gefrorene Hackfleisch antauen lassen und weiterverarbeiten, sobald es sich schneiden lässt. Da das Fleisch durch das Einfrieren etwas von seiner Bindekraft verliert, sollte man zwei Eier auf 400 Gramm Hackfleisch verwenden.

weiter geht's mit **Frikadellen**

Lagerung

Hackfleisch sollte frisch hergestellt sein und sofort verwendet werden, möglichst noch am Tag des Einkaufs. Die „poröse", stark vergrößerte Fleischoberfläche bietet Bakterien einen idealen Nährboden (siehe **Hackfleisch**, Seite 70).
Fertig gegarte Frikadellen halten sich im Kühlschrank bis zu zwei Tage.

Mengen

Größere Mengen von Frikadellen lassen sich problemlos braten, wenn man sie auf ein Backblech setzt und im Backofen gart.

60

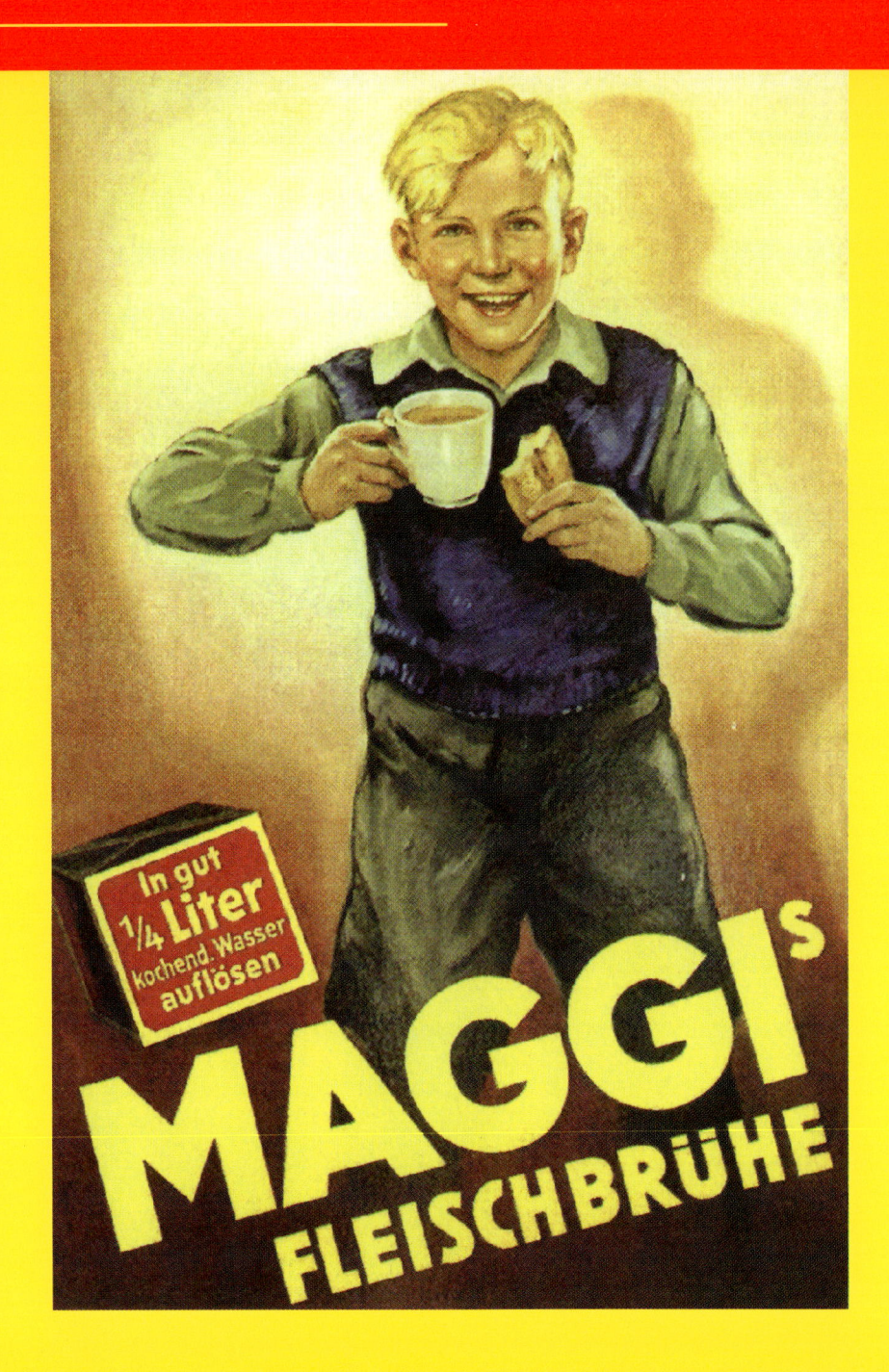

G

Garnelen
Geflügel
Gelierprobe
Gelatine
Gemüse
Gemüsebrühe
Grießklößchen
Gnocchi
Gummi arabicum

G

Garnelen

Umgangssprachlich werden sie meist „Krabben" genannt. Gemeint sind damit Nordseekrabben.

Frischetest

Frische Garnelen erkennt man am hellen Schwanzsegment. Eine schwärzliche Färbung deutet auf ältere oder auch mehrfach eingefrorene Ware hin.

Garzeit

Garnelen und ihre Verwandten sollte man nur sehr kurz, maximal vier Minuten, und sehr heiß braten. Sonst würde das Garnelenfleisch trocken und zäh werden.

Geflügel

Am häufigsten werden Huhn, Gans, Ente und Pute verzehrt. Auch Wildgeflügel gewinnt an Bedeutung.

Aromatisieren

Wenn man das Geflügel mit Zitronensaft einreibt, bekommt das Fleisch ein besonders frisches Aroma.

Auftauen

TK-Geflügel sollte langsam aufgetaut werden, damit es nicht zu viel Saft verliert. Am besten in ein Sieb mit Untersatz legen und über Nacht im Kühlschrank auftauen lassen – so kann die Flüssigkeit ablaufen. Sobald das Geflügel weit genug aufgetaut ist, die Innereien herausnehmen (sie sind zumeist abgepackt in der Bauchhöhle zu finden). Aufgetautes Geflügel sollte schnellstmöglich verwendet werden.

Braten

Geflügel sollte bei maximal 180 °C im Backofen gegart werden, da das Fleisch sonst austrocknet.

weiter geht's mit **Geflügel**

Flüssigkeit

Die Auftauflüssigkeit und die Flüssigkeit, die austritt, wenn man rohes Geflügel schneidet, sollten nicht verwendet werden. Sie könnte Salmonellen enthalten.

Frischetest

Frisches Geflügel riecht appetitlich-frisch und hat eine feuchte, gleichmäßig gefärbte Haut. Es sollte keinerlei Flecken oder Verletzungen aufweisen. Keulen und Schenkel sind biegsam, die Brust prall und fest. Bei jungem Geflügel geben die Brustbeinspitzen auf Druck nach.

Füllung

Nicht zu viel Füllung verwenden, sie kann sich bei Hitze ausdehnen und herausquellen.

Garpobe

Geflügel sollte durchgegart sein, damit mögliche Salmonellen abgetötet werden. Es ist gar, wenn beim Einstechen mit einer Küchennadel klarer Saft austritt. Das Fleisch sollte sich leicht von den Knochen lösen.

Garverfahren

Geflügelfleisch sollte vollständig durchgegart sein (siehe oben). Geeignete Garverfahren sind: Braten, Foliengaren, Grillen, Kochen und Schmoren.

Lagerung

Frisches Geflügel sollte durchgängig kühl gelagert werden. Es hält sich maximal sechs Tage. Friert man es ein, so kann man es im Gefrierfach zwischen zwei und acht Monaten lagern, je nach Geflügelart, Alter und Frische.

Kruste

Die Haut wird schön kross, wenn man das Geflügel 10 bis 15 Minuten vor Ende der Garzeit einpinselt. Je

weiter geht's mit **Geflügel**

nach Geschmack eignen sich:
- Salzwasser
- Honig – für mehr Aroma
- Bier – ergibt eine herbe Note
- Sojasoße mit Honig vermischt verleiht Würze

Reste

Geflügelfleischreste eignen sich kalt hervorragend für Salate. Sie ergeben auch eine gute Suppeneinlage oder, wenn in ausreichender Menge vorhanden, ein delikates Frikassee.

Salmonellen

Gefährliche, krankheitserregende Darmbakterien, die über rohes Geflügel, rohe Eier und Eis auf den Menschen übertragen werden können. Sie sterben erst bei länger anhaltender Hitze ab. Rohes Geflügel niemals auf Holzbrettern zerteilen. In ihren Ritzen und Rillen können sich Salmonellen festsetzen.

Säubern

Geflügel ist höchst anfällig für Salmonellen. Arbeitsgeräte, die für die Zubereitung von Geflügel verwendet wurden, sollten gründlich heiß gereinigt werden.

Zerlegen (Tranchieren)

Das gelingt am besten mit einer scharfen Geflügelschere. Generell werden die Brust- und die Rückenseite voneinander getrennt und die Keulen und Flügel vom Körper abgeschnitten. Die ausgelösten Brustfilets lässt man bei kleinerem Geflügel am Stück; bei größerem Geflügel werden die Filets nochmals halbiert.

Gelatine

- Damit Gelatine beim Einrühren in kalte Flüssigkeiten oder Cremes keine Fäden zieht, werden die Temperaturen angeglichen. Gelatine auflösen. Auf keinen

weiter geht's mit **Gelatine**

Fall kochen. Gelatine mit ca. drei Esslöffel der zu bindenden Masse oder Flüssigkeit verrühren, bis sie sich vollständig aufgelöst hat. Die angerührte Gelatine zur restlichen Masse geben, alles gut miteinander vermischen und kalt stellen.

- Steif geschlagene Sahne oder Eiweiß erst dann unterziehen, wenn die Masse schon etwas geliert. Zur Probe kann man sie mit einem Schneebesen oder Löffel umrühren. Sind Streifen darin zu sehen, hat der Geliervorgang eingesetzt. Man sagt dazu übrigens: die Masse zieht „Straßen".
- Gelatineklümpchen lösen sich in warmem Wasser unter Rühren auf.

Gelierprobe

Einen Teelöffel der eingekochten Flüssigkeit auf einen kalten Porzellanteller geben. Nach zwei bis drei Minuten sollte die abgekühlte Masse die gewünschte Konsistenz haben, also streichfähig oder fest sein. Ist die Masse zu flüssig, entweder noch weiter einkochen oder noch etwas Geliermittel zugeben. Ist sie zu fest, etwas Flüssigkeit angießen und nochmals aufkochen lassen.

Gemüse

Gemüsesuppe
Wenn nicht anders angegeben, rechnet man auf ein Liter Wasser ein knappes Kilogramm gemischtes, grob gehacktes Gemüse wie Sellerie, Karotte, Zwiebel und Lauch.
Fertige Gemüsebrühe oder Gemüsebrühe-Würfel und Bouillons sind ein sehr guter Ersatz.

weiter geht's mit **Gemüse**

Lagerung

Gemüse hält sich im Gemüsefach des Kühlschranks bei 6 bis 8 °C am besten. Es gibt aber auch Gemüsesorten, wie zum Beispiel Kartoffeln oder Auberginen, die in einer kühlen, dunklen Speisekammer oder im Keller gelagert werden sollten.

Püree

Als Grundlage von Suppen, Soßen, Terrinen, Mousse oder Soufflés eignen sich die unterschiedlichsten Gemüsepürees.

- Stärkehaltige Zutaten, zum Beispiel Kartoffeln, sollten nicht in einer Küchenmaschine püriert werden. Ein Kartoffelstampfer ist besser geeignet.
- Faserige Gemüse, wie grüne Bohnen, Lauch oder Sellerie, werden gekocht und durch ein Sieb gestrichen. Mixer sind eher ungeeignet.
- Für Gemüsesorten wie Paprika, Tomaten oder Karotten empfehlen sich Passiergeräte (Flotte Lotte) oder Küchenmaschinen.

Vorbereitung

Generell wird Gemüse geputzt, das heißt von unansehnlichen oder ungenießbaren Teilen befreit, gewaschen und dann weiterverarbeitet.

Zubereitung

Gemüse sollte man so kurz wie möglich garen, dann bleiben die meisten Nährstoffe erhalten.
Viele Gemüsesorten kann man dazu ein bis zwei Minuten in wenig kochendes Salzwasser geben (blanchieren), herausnehmen und mit kaltem Wasser abschrecken. Blanchiertes Gemüse hat eine kürzere Restgarzeit. Bei einigen Gemüsesorten reicht das Blanchieren bereits völlig aus. Das kalte Abschrecken verhindert ein

weiter geht's mit **Gemüse**

Nachgaren und bewirkt, dass das Gemüse seine schöne satte Farbe behält.

Gemüsebrühe, Instant oder Würfel

Gemüsebrühe würzt, ohne den Eigengeschmack zu überdecken. Wenn etwas zu fade schmeckt, kann man es wunderbar mit Instant-Gemüsebrühe oder einem Gemüse-brühe-Würfel nachwürzen. Es ist die optimale Würze für Soßen, Eintöpfe, Suppen, Dressings und Ähnliches!

Gnocchi

Arbeitsfläche und Hände mit Mehl bestäuben, dann bleibt der eher klebrige Kartoffelteig nicht daran hängen. Die Gnocchi halten dadurch auch besser zusammen.

Grießklößchen

Aufwärmen

Hart gewordene Grießklößchen vom Vortag in kaltem Salzwasser aufsetzen und den Topf mit einem Deckel verschließen. Die Klößchen kochen, bis sie an der Oberfläche schwimmen. Dann sind sie wieder weich.

Zubereitung

Der Teig sollte schön fest sein, dann fallen die Grießklößchen beim Kochen nicht auseinander. Deshalb keine zu weiche Butter verwenden.

Gummi arabicum

Ein Binde- und Verdickungsmittel, das aus der Gummiabsonderung einer Akazienart gewonnen wird. Es ist rein pflanzlich und wird wie Agar-Agar (siehe Seite 12) verwendet.

68

H

Hackfleisch   **Haselnuss**   **Hefe**
   Hefeteig
   Honig
Hülsenfrüchte   **Huhn**

Hackfleisch

Binden
Ein Ei reicht für Hackfleischteige bis ca. 500 Gramm.

Einfrieren
Frisches Hackfleisch sofort und am besten bereits portioniert einfrieren (500 Gramm Hackfleisch ergeben vier Portionen). Das Fleisch im Gefrierbeutel flach drücken (ca. 1 cm hoch), den Beutel gut verschließen und ins Gefrierfach legen. Der flache Hackfleischfladen friert schneller durch, braucht im Gefrierfach weniger Platz und taut auch schneller wieder auf. Tiefgekühltes Hackfleisch sollte innerhalb von drei bis vier Monaten verbraucht werden.

Fleischsorte
Optimal ist gemischtes Hackfleisch aus fetthaltigerem Schweinefleisch, das für Saftigkeit beim Braten sorgt, und magererem Rindfleisch.

Formen
Das Hackfleisch, zum Beispiel für Frikadellen, mit nassen Händen formen, dann bleibt der Fleischteig nicht kleben. Für kleine Hackfleischbällchen kann man auch einen Eiskugel-Portionierer verwenden. Diesen vor der Verwendung in warmes Wasser tauchen.

Fleischwolf
Hartnäckige Speiserückstände, zumeist von Fleisch, lassen sich aus dem Fleischwolf entfernen, indem man zum Schluss trockenes, aber nicht zu hartes Weißbrot durchdreht. Es drückt die Reste heraus.

Garen
Aufgrund der aufgebrochenen Fleischstruktur wird Hackfleisch schneller gar.
Hackfleisch eignet sich zum Braten, Kochen, für Aufläufe im Backofen und zum Grillen.

weiter geht's mit **Hackfleisch**

Lockerung

Ein eingeweichtes und ausgedrücktes Brötchen lockert den Fleischteig für Frikadellen oder Ähnliches auf. Auch gekochte Kartoffeln, Semmelbrösel oder grob geschrotetes Getreide erfüllen diesen Zweck.

Tatar

Darunter versteht man mageres Rinderhackfleisch (klassisch aus dem Rinderfilet), das roh verzehrt wird. Sein Fettgehalt darf sechs Prozent nicht übersteigen.

Haselnuss

Haselnüsse lassen sich leichter schälen, wenn man sie auf einem Backblech einige Minuten bei 200 °C im Backofen anröstet. Man kann dann die Häute zwischen den Fingern abreiben.

Hefe

- Frische Hefe erkennt man an ihrem angenehmen Duft, an der rosa-hellbraunen Farbe und daran, dass sie blättrig aufbricht. Alte Hefe ist dagegen bräunlich und krümelig.
- Damit ein Hefeteig gelingt, muss die Hefe frisch sein. Hefe hält sich im Kühlschrank bis zu zwei Wochen, eingefroren bis zu zwei Monaten.
- Hefegebäck schmeckt frisch am besten. Wenn es länger liegt, verliert es schnell an Aroma.

Hefeteig

- Frische Hefe wird immer mit lauwarmer Flüssigkeit angerührt (mit Milch oder Wasser, ca. 40 °C). Dann gibt man etwas Mehl und eine Prise Zucker dazu und verrührt beides mit der Hefe zum sogenannten Vorteig. Man

H

weiter geht's mit **Hefeteig**

kann auch eine Prise Salz einstreuen, doch eignet sich Zucker besser, da er den Gärprozess der Hefe fördert. Der Teig sollte an einem warmen Ort gehen, bis er sein Volumen verdoppelt hat. Dann wird er nochmals geknetet, um die eingeschlossene Luft herauszulassen.

- Anstelle von frischer Hefe kann man auch Trockenhefe verwenden. Das geht schneller, da kein Vorteig erforderlich ist. Die Trockenhefe mit dem Mehl und den restlichen Zutaten zu einem glatten Teig vermischen und gehen lassen.

Honig

Honig verzuckert, wenn er längere Zeit lagert. Dies ist ein natürlicher Prozess, der die Qualität des Honigs nicht beeinflusst. Der Honig wird wieder flüssig, wenn man ihn im Wasserbad vorsichtig erwärmt. Die Wassertemperatur sollte 40 °C nicht überschreiten.
Man kann den Honig auch bei niedriger Wattzahl in der Mikrowelle wieder verflüssigen.

Huhn

Braten

Das Brustfleisch ist viel magerer als die Keulen und trocknet beim Garen schneller aus. Deshalb gart man ein ganzes Brathühnchen in drei Schritten:
Erst mit der einen Brustseite seitlich nach unten in den Bräter legen, dann auf die andere Brusthälfte wenden und zum Schluss mit der Brust nach oben fertig garen; dabei immer wieder mit Bratsaft begießen.

weiter geht's mit **Huhn**

Klassifizierungen

Die gängigen Handelsbezeichnungen nach Gewicht und Alter:

- **Stubenküken**
  ca. 300 Gramm
  bis zu 4 Wochen

- **Hähnchen**
  ca. 700 bis 1,1 kg
  ca. 7 Wochen

- **Junghühner, Poularden**
  ca. 1,1 bis 1,5 kg
  ca. 8 bis 10 Wochen

- **Jungmast-Hähnchen**
  ca. 1,7 bis 1,8 kg
  ca. 8 bis 9 Wochen

- **Suppenhuhn**
  ca. 1,2 bis 2,0 kg
  ca. 15 bis 18 Monate

- **Kapaun**
  ein kastrierter Hahn, bis zu ca. 4,5 kg, nicht älter als 8 Monate

Reste

Hühnerfleisch-Reste kann man als Einlage für Suppen verwenden oder ein Frikassee oder Ragout daraus zubereiten (siehe **Geflügel, Reste**, Seite 64).

Suppe

Das Huhn vor dem Auskochen kurz in kochendes Salzwasser geben, herausnehmen und mit kaltem Wasser abschrecken. Bei diesem Vorgang werden sämtliche Haut- und Schmutzpartikel entfernt.
Dann das Huhn zusammen mit dem kalten Wasser und den übrigen Suppenzutaten aufsetzen, aufkochen und ca. zwei Stunden bei geringer Hitze ziehen lassen. Will man das Fleisch noch weiter verwenden, das Huhn aus der Suppe herausnehmen, kurz abtropfen lassen und das Fleisch noch warm von den Knochen lösen. Dann das Fleisch zurück in die Suppe geben und darin erkalten lassen.

weiter geht's mit **Huhn**

Zubereitung

Hühnerfleisch lässt sich am besten heiß von den Knochen lösen.

Hülsenfrüchte

Hülsenfrüchte sind ein Sammelbegriff für reife Samen, die viel Kohlenhydrate und Eiweiß enthalten. Zu ihnen gehören u. a. Bohnen (siehe Seite 21), Erbsen (siehe Seite 43) und Sojabohnen (siehe Seite 138).

- Hülsenfrüchte, die über Nacht eingeweicht wurden, werden am nächsten Tag im Einweichwasser gekocht.
- Da viele Hülsenfrüchte Giftstoffe enthalten, sollte man sie ca. zehn Minuten sprudelnd kochen lassen und dann weitergaren, bis sie schön weich sind.
- Generell empfiehlt es sich, Hülsenfrüchte erst nach dem Garen zu salzen, sonst werden sie nicht weich.
- Gekochte Hülsenfrüchte schnell abkühlen. Wenn sie im Warmen stehen, fangen sie an zu gären.
- Gekochte Hülsenfrüchte eignen sich sehr gut für Salate, sie nehmen das Dressing gut auf.

I/J

Johannisbrotkernmehl

Joghurt

Ingwer

I/J

Ingwer

- Ingwer enthält ein Eiweiß spaltendes Enzym, das Fleisch beim Garen zart macht.
- Für Ingwersaft drückt man frisch gehackten Ingwer durch die Knoblauchpresse direkt in das Gericht. Die Ingwer Fasern bleiben in der Knoblauchpresse hängen.
- Frischer Ingwer ist schärfer als getrockneter.
- Bei Ingwer in größeren Mengen ist Vorsicht geboten: Er wirkt brennend scharf.

Lagerung

- Frischer Ingwer hält sich im Kühlschrank zwischen zwei und drei Wochen. Er sollte erst direkt vor dem Gebrauch geschält werden.
- Man kann auch die geschälte Wurzel in Reiswein oder Honig einlegen. Dann hält sich der Ingwer mindestens vier Wochen.
- Ingwer eignet sich zum Einfrieren. Die Schnittstelle fest mit Klarsichtfolie verschließen und in einem Behälter einfrieren.

Joghurt

Dieses ursprünglich türkische Sauermilcherzeugnis ist in drei Qualitäten erhältlich:

- Vollfettjoghurt:
  3,5 % Fett und 87 % Wasser
- Halbfettjoghurt:
  1,5 % Fett und 89,4 % Wasser
- Magerjoghurt:
  0,8 % Fett und 89,8 % Wasser

Alle Qualitäten werden auch als Fruchtjoghurt angeboten.

Ersatz

Joghurt kann als kalorienreduzierter Zusatz für üppige Sahne-, Mayonnaise- oder Crème-fraîche-Soßen verwendet werden.

weiter geht's mit **Joghurt**

Magermilchjoghurt

Magermilchjoghurt bekommt einen cremigeren Geschmack, wenn man ihn durch ein feinmaschiges Sieb abtropfen lässt. Die ablaufende Molke kann man trinken, sie ist sehr gesund.

Johannisbrotkernmehl

Dieses Verdickungsmittel wird aus den gemahlenen Samen des Johannisbrotbaumes gewonnen. Johannisbrotkernmehl in kaltem Wasser glatt anrühren, mit der Flüssigkeit mischen und alles auf ca. 95 °C erhitzen. Erst dann löst sich das Mehl vollkommen auf und entfaltet seine Bindungskraft.

78

K

Käse
Käsekuchen
Kaffee
Kaffeebohne   Kapern
Karotte/Möhre
Kartoffel
Kartoffelbrei
Kartoffelpüree-Pulver
Kartoffelsalat   Klöße
Kiwi
Knäckebrot
Knoblauch
Kohl
Kohlrouladen
Kräuterbutter
Kräuter   Kresse
Kümmel
Kuchen
Kürbis

K

Käse

Aroma

Käse 30 Minuten vor dem Servieren aus dem Kühlschrank nehmen, damit sich die Aromen besser entfalten können.

Fettgehaltsstufen

Bei Käse unterscheidet man verschiedene Fettgehaltsstufen, die auf der Verpackung als „…% Fett i. Tr." (Fett in der Trockenmasse) ausgewiesen sind. Diese Angabe bezieht sich rein auf die Trockenmasse des Käses, das im Käselaib enthaltene Wasser bleibt unberücksichtigt. Da ein Frischkäse über einen hohen Wasseranteil und ein Hartkäse über viel Trockenmasse verfügt, sagen die angegebenen Fettprozente nichts über den tatsächlichen Fett- und damit Kaloriengehalt des Käsestückes aus. Der tatsächliche Fettanteil liegt immer unter dem als „…% i. Tr." angegebenen Fettgehalt.

Die einzelnen Fettgehaltsstufen:

- **Magerkäse**
  unter 10% Fett i. Tr.
- **Viertelfettkäse**
  mindestens 10% Fett i. Tr.
- **Halbfettkäse**
  mindestens 20% Fett i. Tr.
- **Dreiviertelfettkäse**
  mindestens 30% Fett i. Tr.
- **Fettkäse**
  mindestens 40% Fett i. Tr.
- **Vollfettkäse**
  mindestens 45% Fett i. Tr.
- **Rahmkäse**
  mindestens 50% Fett i. Tr.
- **Doppelrahmkäse**
  mindestens 60% Fett i. Tr.

Als ungefähre Richtwerte können gelten:

- Hartkäse hat einen tatsächlichen Fettgehalt von ca. zwei Drittel des angegebenen Fettgehalts.
- Bei Schnitt-, Weich- und Doppelrahmfrischkäse liegt der tatsäch-

weiter geht's mit **Käse**

liche Fettgehalt bei ca. der Hälfte der angegebenen Fettmenge.
- Frischkäse hat einen tatsächlichen Fettgehalt von ca. einem Fünftel bis einem Viertel der angegebenen Fettmenge.

Käsesoßen / Käsefondue
- Bei hohen Temperaturen verbinden sich das im Käse enthaltene Fett und Eiweiß und die Masse verklumpt. Besser ist es, den Käse bei milder Hitze und unter ständigem Rühren zu schmelzen.
- Bei einem Käsefondue einen Obstler zugeben, am besten schmeckt Kirschwasser. Das mächtige Fondue wird etwas leichter und besser verträglich.

Lagerung
Als Faustregel gilt: Je härter der Käse, desto länger hält er sich.
- Generell sollte Käse kühl, dunkel und trocken gelagert werden.
- Ein Stück Würfelzucker unter der Käseglocke bindet Feuchtigkeit, der Käse schimmelt nicht so schnell.
- Hart- und Schnittkäse halten sich, in Alufolie gewickelt, ca. drei Monate im Gefrierfach. Weichkäse sollten so schnell wie möglich verzehrt werden.

Reste
- Trockenen Käse zum Überbacken verwenden.
- Harter Käse wird wieder weicher, wenn man ihn ca. 30 Minuten lang in frische Milch einlegt.

Schneiden
Weichen Käse schneidet man besser mit einem stumpfen Messer. Optimal ist ein Käsemesser mit gezackter Schneide.

weiter geht's mit **Käse**

Sorten

Es werden nahezu 3000 Käsesorten angeboten. Man teilt sie in folgende Gruppen ein:

- **Frischkäse:** Dazu gehören zum Beispiel Quark, Frischkäse, Schichtkäse, Feta, Mascarpone oder Ricotta. Sie benötigen keine Reifezeit (siehe auch **Quark**, Seite 126).
- Weichkäse in verschiedenen Klassifizierungen: Schimmelkäse (Camembert oder Brie); sie reifen zwischen einem Monat und einem Jahr.
Käse mit gewaschener Rinde (Münsterkäse, Limburger, Weinkäse, Livarot usw.); sie reifen zwei bis neun Monate. Ihren herzhaften Geschmack erhalten sie durch das wiederholte Abwaschen der Rinde mit Salzwasser.
- **Halbfeste Käse:** Zu dieser Käsegruppe gehören zum Beispiel Bel Paese, Roquefort, Gorgonzola und Reblochon.
- **Schnittkäse:** Käse mit einem festen Laib, wie zum Beispiel Appenzeller, Raclettekäse oder ein mittelalterlicher Gouda.
- **Hartkäse:** Sehr feste Käse, die zum Teil kaum mehr mit einem herkömmlichen Messer zu schneiden sind. Zu ihnen gehören Parmesan, Manchego oder Gruyère.

Verwendung

Für Grillgerichte, Aufläufe und Gratins empfiehlt sich ein gehaltvollerer und damit fettreicher Käse.

Käsekuchen

Käsekuchen fällt weniger stark zusammen, wenn man ihn mit einem Messer vom Formrand ablöst und im ausgeschalteten, offenen Backofen zehn Minuten ruhen lässt. Anschließend wird er gestürzt und muss abkühlen.

Kaffee

- Gemahlenen Kaffee in einer verschließbaren Dose oder in der gut verschlossenen Originalpackung im Kühlschrank lagern. So behält er länger sein feines Aroma. Er hält sich maximal sechs Monate.
- Eine Prise Salz aromatisiert länger gelagertes Kaffeepulver wieder.
- Eine Prise Kakaopulver oder eine Prise verfeinert das Kaffeearoma.

Kaffeebohne

- Kaffeebohnen enthalten Fett und können somit auch ranzig werden. Daher eine geöffnete Packung zügig aufbrauchen.
- Wenn man Kaffeebohnen über Nacht in Sahne oder Milch einlegt, nimmt die Flüssigkeit den Kaffeegeschmack an. Man kann daraus sehr gut Süßspeisen mit dezentem Kaffeearoma zubereiten.

Kapern

- Große Kapern (Kapernäpfel) sind weniger aromatisch als kleine Kapern (die sogenannten „nonpareilles").
- Beim Erhitzen verstärkt sich der säuerlich-salzige Geschmack der Kapern, die Kressenote geht dagegen verloren.
- Kapern vertragen sich nicht mit anderen stark duftenden Kräutern wie Salbei oder Rosmarin.
- Kapern aromatisieren als Geschmacksträger Soßen und Salate.

Karotte/Möhre

Lagerung

- Karotten halten sich, in Küchenkrepp oder ein Küchenhandtuch gewickelt, im Kühlschrank zwei bis maximal drei Wochen.
- Karotten nie zusammen mit Äpfeln, Birnen oder Kartoffeln lagern. Diese Früchte bzw. Gemüse produ-

weiter geht's mit **Karotten/Möhre**

- zieren Ethylen, ein Gas, das den Reifeprozess beschleunigt (siehe **Avocado**, Seite 15).
- Karottengrün vor dem Lagern abschneiden, es entzieht den Wurzeln Saft.

Zubereitung

- Karotten schmecken intensiver, wenn man sie in Apfelsaft oder mit etwas Zucker gart.
- Karotten sollte man aus ernährungsphysiologischen Gründen immer mit Fett zubereiten. Das in der Karotte enthaltene Vitamin A muss in Beta-Karotin aufgespalten werden, damit es der menschliche Körper verwerten kann. Dazu wird Fett benötigt.

Kartoffel

Braten

Aufgrund neuer Forschungsergebnisse empfiehlt das Gesundheitsministerium, Kartoffeln und andere stärkehaltige Lebensmittel beim Braten oder Frittieren nicht zu hohen Temperaturen auszusetzen.

Folienkartoffeln

Damit sie im Backofen oder auf dem Grill nicht platzen, mehrmals mit einem spitzen Messer einstechen und die Kartoffeln in Alufolie einwickeln.

Kochen

- Ältere Kartoffeln gelingen am besten, wenn man sie mit kaltem Wasser bedeckt aufsetzt, aufkocht und dann fertig gart. Junge Kartoffeln werden gut abgebürstet und erst dann in wenig kochendes Wasser gegeben und darin gegart.
- Weitaus vitaminschonender lassen sich Kartoffeln im Dämpfeinsatz garen. Bei dieser Garmethode kommen sie nicht mit dem Kochwasser in Berührung und behalten dadurch mehr Vitamine.

weiter geht's mit **Kartoffel**

- Etwas Salz im Kochwasser verhindert ein zu schnelles Aufspringen der Schalen.
- Kartoffeln am besten sofort nach dem Garen servieren oder weiterverarbeiten.

Lagerung

- Rohe Kartoffeln immer kühl und dunkel (aber nicht im Kühlschrank!) lagern, da sie sonst austreiben und den Giftstoff Solanin entwickeln.
- Gekochte Kartoffeln lassen sich zugedeckt im Kühlschrank ca. drei Tage aufbewahren.

Pellen

Gekochte Kartoffeln lassen sich leichter pellen, solange sie noch warm sind.

Sorten

- Fest kochend: Sie haben einen niedrigen Stärkegehalt und bleiben nach dem Garen fest. Sie eignen sich für Salate, Brat- und Salzkartoffeln.
- Vorwiegend fest kochend: Wie der Name sagt, nehmen sie eine Mittelposition ein und können somit für nahezu alle Kartoffelgerichte verwendet werden. Beim Garen kann die Schale geringfügig aufspringen.
- Mehlig: Sie haben einen hohen Stärkegehalt und lassen sich vorzüglich zu Pürees und Suppen verarbeiten. Große Exemplare eignen sich für Folienkartoffeln.

Verfärbungen

Rohe, geschälte Kartoffeln sollte man entweder gleich verwenden oder in kaltes Wasser legen, damit sie sich nicht verfärben. Jedoch nicht zu lange im Wasser liegen lassen, sonst gehen zu viele Vitamine und Mineralstoffe verloren.

K

Kartoffelbrei

Reste

Kartoffelbrei lässt sich zum Beispiel zu Krokettenteig verarbeiten: Krokettenteig mit bemehlten Händen formen und in wenig Mehl wenden. So fallen die Kroketten beim Frittieren nicht auseinander.

Selbst gemacht

- Kartoffeln sollte man niemals mit einem Mixgerät oder einer Küchenmaschine pürieren, sondern stampfen. Die schnellen Umdrehungen des Mixers bewirken, dass die Stärke aus den Kartoffeln gezogen wird und der Brei zäh und glasig wird.
- Die Milch, die man zum Kartoffelbrei gibt, sollte sehr heiß sein. Dann wird der Brei nicht klebrig.

Sorte

Mehlig kochende Kartoffeln eignen sich besser für Kartoffelbrei als eine fest kochende Sorte, da sie mehr Stärke enthalten.

Verfeinern

Kartoffelbrei wird durch die Zugabe von heißer Milch und Butter geschmeidiger in der Konsistenz und feiner im Geschmack.

Kartoffelpüree-Pulver

Binden

Kartoffelpüree-Pulver eignet sich auch hervorragend zum Binden von Soßen oder Gemüsesuppen. Es muss nicht erst mit kaltem Wasser angerührt werden (siehe Seite 103), sondern kann direkt in die heiße Flüssigkeit eingerührt werden.

Verfeinern

Verfeinern durch die Zugabe von gehackten Kräutern wie Petersilie, Dill usw. oder gebratenen Zwiebelringen.

Kartoffelsalat

Aufbewahren
- Kartoffelsalat sollte nur maximal einen Tag im Kühlschrank aufbewahrt werden, da er schnell verdirbt.
- Kartoffelsalat mit selbst gemachter Mayonnaise eignet sich nicht zur Aufbewahrung. Kartoffelsalat, mit Mayonnaise aus dem Glas angerichtet, hält sich ca. einen Tag im Kühlschrank.

Servieren
Kartoffelsalat schmeckt intensiver, wenn er lauwarm serviert wird.

Sorte
Für Salate eignen sich fest kochende Kartoffeln (siehe Seite 85).

Zubereitung
Für die klassische Marinade gibt man heiße Brühe über die Kartoffeln und lässt den Salat eine halbe Stunde zugedeckt bei Zimmertemperatur durchziehen.

Klöße

Garen
- Klöße in reichlich sprudelnd kochendes Salzwasser geben und sofort die Temperatur reduzieren, damit sie nicht aufplatzen. Die Klöße dürfen im Wasser nur ziehen.
- Kleine Klöße, wie zum Beispiel Markklößchen oder Gnocchi, sind gar, wenn sie sich an der Wasseroberfläche drehen.
- Größere Klöße sinken zunächst nach unten und steigen an die Oberfläche, wenn sie gar sind.

K

weiter geht's mit **Klöße**

Kloßteig – Konsistenz

- Sind die Klöße zu feucht geraten, wendet man sie in wenig Mehl, bevor man sie ins Kochwasser gibt.
- Falls die Klöße zu fest geworden sind, muss man nochmals den gesamten Kloßteig kneten und etwas Flüssigkeit oder steif geschlagenes Eiweiß zufügen (siehe **Eischnee**, Seite 41).

Probekloß

Aus der Masse einen kleinen Kloß formen und ins kochende Wasser geben. So lässt sich feststellen, ob er auseinander fällt oder ob der Teig zu fest ist.

Kiwi

Lagerung

- Reife Kiwis halten sich im Kühlschrank bis zu drei Tagen.
- Unreife Kiwis zusammen mit einem Apfel in Zeitungspapier wickeln und bei Zimmertemperatur ein bis zwei Tage nachreifen lassen.

Zubereitung

Kiwis enthalten wie Ananas (siehe Seite 12) das Enzym Bromelin, das Fette (auch Sahne!) zum Gerinnen bringt. Daher aufgeschnittene Kiwis immer erst kurz vor dem Servieren mit der Sahne anrichten.

Knäckebrot

Knäckebrot sollte nicht zusammen mit frischem Brot aufbewahrt werden. Frisches Brot gibt Feuchtigkeit ab und lässt das Knäckebrot weich werden.

Knoblauch

Braten

Knoblauch nur kurz anbraten, sonst wird er bitter.

weiter geht's mit **Knoblauch**

Geruch

- Wenn die Hände stark nach Knoblauch riechen, hilft es, sie mit Salzwasser abzureiben.
- Dem unerwünschten Geruch nach dem Genuss von Knoblauch oder knoblauchreichen Speisen kann man entgegenwirken: direkt nach dem Essen etwas Kaffee oder Milch trinken bzw. etwas frische Petersilie oder Schokolade essen. Allerdings hilft das nur, wenn man nicht zu viel Knoblauch gegessen hat.

Lagerung

- Knoblauchzehen in einem verschließbaren Tongefäß trocken lagern.
- Abgezogene Knoblauchzehen mit Speiseöl bedecken und dunkel lagern. Dadurch bekommt man gleichzeitig ein aromatisiertes Öl.

Schneiden

Sollte man keine Knoblauchpresse zur Hand haben, den abgezogenen Knoblauch klein würfeln und dann mit der flachen Messerseite und ein wenig Salz zerreiben.

Kohl

Bekömmlichkeit

Kohl wird durch die Zugabe von Kümmel oder Knollensellerie bekömmlicher.

Kohlgeruch

Kohlgeruch beim Kochen kann man vermeiden, wenn man einen Schuss Essig ins Wasser gibt oder ein Stückchen Sellerie mitkocht.

Lagerung

- Ganze Kohlköpfe halten sich im Kühlschrank oder an einem kühlen, dunklen und trockenen Ort bis zu zwei Wochen.

weiter geht's mit **Kohl**

- Ist der Kohlkopf angeschnitten, wird die Schnittstelle sorgfältig mit Folie abgedeckt. Man sollte den Kohl ebenfalls kühl aufbewahren und innerhalb einer Woche verbrauchen.
- Kohl sollte nicht in der Nähe anderer Gemüse- oder Obstsorten gelagert werden.

Sorten

Es gibt ungefähr 400 Kohlsorten, die sich in Form, Art und Farbe erheblich unterscheiden. Sie werden unterteilt in:

- Blühende Kohlsorten (Blumenkohl, Romanesco, Brokkoli);
- Sprossenkohl (Kohlrabi, Chinakohl, Grünkohl, Rosenkohl);
- Glatter Kohl und Krauskohl (Wirsing, Weiß- und Rotkohl, Spitzkohl).

Kohlrouladen

Die Weißkohl- oder Wirsingblätter in wenig kochendes Wasser geben, herausnehmen, kalt abschrecken (blanchieren) und auf Küchenkrepp abtropfen lassen. Den harten Strunk entfernen und die Blätter bei Bedarf mit einem Rollholz flach drücken. So lassen sie sich leichter füllen und aufrollen.

Kräuter

- Frische Kräuter lassen sich im Gemüsefach des Kühlschranks ca. zwei bis drei Tage aufbewahren, wenn man sie gut anfeuchtet und in Aluminiumfolie oder ein Tuch einwickelt.
- Frische Kräuter kann man einfrieren: gehackte oder gezupfte Kräuter auf einem Blech oder Tablett auslegen und kurz im Gefrierfach anfrieren lassen. Danach portioniert in Gefrierbeutel ab-

weiter geht's mit **Kräuter**

- füllen und ins Gefrierfach zurücklegen.
- Getrocknete Kräuter sollten in einem luftdichten Gefäß trocken aufbewahrt werden. Aber auch bei sachgemäßer Lagerung verlieren sie mit der Zeit an Aroma und Intensität. Man sollte sie innerhalb eines Jahres aufbrauchen.

Kräuterbutter

- Kräuterbutter schmeckt intensiver, wenn man einen Spritzer Zitronensaft zugibt.
- Selbst gemachte Kräuterbutter lässt sich portionsweise einfrieren. Der aromatische Geschmack bleibt bei dieser Konservierungsform gut erhalten.

Kresse

Lagerung

- Kresse ist leicht verderblich. Man sollte ihre Wurzeln mit einem feuchten Tuch umwickeln und sie im kältesten Fach des Kühlschranks lagern.
- Oft wird Kresse in Schälchen mit Erde angeboten. Täglich mit ein wenig Wasser begießen und rasch verbrauchen.

Zubereitung

Kresse sorgfältig waschen, da zwischen den Blättchen oft Sand haftet.

Kuchen

Aufbewahren

Kuchen und Kekse bewahrt man am besten in einer verschließbaren Metalldose auf. Legt man ein Stück Apfel dazu, bleiben sie – je nach Art des Gebäcks – länger frisch.

K

weiter geht's mit **Kuchen**

Aufweichen von Obstböden
Obstböden weichen nicht so schnell durch, wenn man sie vor dem Belegen mit Semmelbröseln, gemahlenen Nüssen oder Mandeln bestreut. Noch besser sind gemahlener Biskuit oder Keksbrösel.

Außen braun, innen teigig?
Wenn der Kuchen zu schnell braun wird, mit Backpapier oder Alufolie abdecken und die Backofentemperatur reduzieren.

Backform
Die Kuchenform einfetten und mit etwas Mehl oder gemahlenen Mandeln bestäuben. So löst sich der Teig später besser aus der Form.

Hängt in der Form
Ein nasses, kaltes Tuch um die Form legen und zehn Minuten ruhen lassen. Das Metall der Form zieht sich zusammen und der Kuchen löst sich.

Trocken
Trockene Kuchen oder Kekse kann man, fein zerbröselt und mit Butter vermischt, für einen Kuchenboden verwenden.

Kümmel
Kümmel macht Speisen bekömmlicher und leichter verdaulich. Deshalb wird er zum Beispiel gern in Kohlgerichten und fetten Braten mitgekocht.

Kürbis
Kürbisfruchtfleisch enthält viel Wasser, das beim Garen austritt. Deshalb sollte man bei der Zubereitung weitere Flüssigkeit nur bei Bedarf nachgießen. Allgemein werden Kürbisse geschält und das Fruchtfleisch weiter verarbeitet. Die Kerne, aus denen das sehr gesunde Kürbiskernöl gewonnen wird, können getrocknet oder geröstet werden.

L 93

L

L

Lamm
Leber
Likör   Lorbeer
Limetten

Lamm

- Lammfleisch hat eine helle bis ziegelrote Farbe. Je heller das Fleisch ist, desto jünger war das Tier.
- Lammfleisch sollte immer heiß serviert werden. Eine gegarte Lammkeule noch ca. zehn Minuten ruhen lassen (siehe **Braten**, Seite 23), damit sich der Fleischsaft besser verteilt.
- Tiefgefrorenes Fleisch taut man am besten im Kühlschrank auf. Es verliert weniger Saft und bleibt zarter.

Leber

- Leber wird besonders zart, wenn man sie zwei Stunden in Milch einlegt (siehe **Nieren**, Seite 108). Und sie zieht sich beim Braten weniger stark zusammen.
- Leber wird auch zart, wenn sie ca. zehn Minuten in Tomatensaft liegt. Das ist aber abhängig von der weiteren Zubereitungsart.
- Auf jeden Fall erst nach dem Garen salzen, da die Leber sonst trocken wird.

Likör

Die süße, alkoholische Zutat wird unter anderem zum Verfeinern von Süßspeisen und Backwerk verwendet. Achtung: Liköre verlieren durch Erhitzen und durch zu langes Aufbewahren Aroma und Geschmack.

Limette

Limetten sind saurer als Zitronen (siehe Seite 154) und eignen sich für frisch-fruchtige Süßspeisen sowie für Getränke und Cocktails.

Reifegrad
Limetten sollten fest, prall, glatt und von satter dunkelgrüner Farbe sein. Bräunliche Flecken auf der Schale

weiter geht's mit **Limetten** haben keinen Einfluss auf die Qualität.

Lagerung
- Da Limetten eine dünnere Schale als Zitronen haben, sind sie längst nicht so lange haltbar wie diese. Man sollte Limetten innerhalb von maximal zwei Wochen verwenden.
- Limetten immer dunkel und kühl, aber nicht im Kühlschrank lagern. Unter Lichteinwirkung verfärben sie sich gelblich, die Kälte lässt sie hart werden.

Lorbeer

Dieses sehr aromatische mediterrane Gewürz entfaltet sein Aroma noch besser, wenn man die Blätter vor dem Zugeben leicht anreißt.
Vor dem Servieren die Lorbeerblätter wieder aus dem Gericht entfernen.

Achtung!
Lassen Sie
MAGGI's
Würze
nur aus dieser
Originalflasche
nachfüllen.
FÜR JEDEN TISCH
Maggi's
Suppen- & Speisen- Würze
mit dem Kreuzstern
12 deutsche Staatsmedaillen
Schutzmarke
Kreuzstern
Weltausstellungen Paris 1889 u. 1900
J. Maggi Preisrichter.
Maggi's Würze ist einzig.
Ein kleiner Zusatz gibt jeder schwachen Suppe, Fleischbrühe, Sauce sowie Gemüsen, Salaten usw. augenblicklich überraschenden, kräftigen Wohlgeschmack und regt die Verdauung wohltuend an.
Etik. geschützt.
Gerichtlich deponiert.

M

Mais
Maisstärke
Mandeln
Margarine
Marmelade
Marinade
Markklößchen
Mayonnaise
Meerrettich
Mehl
Mehlklümpchen
Mehlschwitze
Milch
Muscheln
Morcheln
Muskatnüsse
Mürbeteig

M

Mais

Lagerung

- Frische Maiskolben sollten im Kühlschrank aufbewahrt werden (geschälte Maiskolben in einem perforierten Kunststoffbeutel), da sie schnell ihr Aroma verlieren.
- Frischer Mais eignet sich sehr gut zum Einfrieren, wobei die Maiskolben vorher je nach Größe sieben bis elf Minuten blanchiert werden sollten (siehe Zubereitung). Maiskolben halten sich im Tiefkühlfach bis zu einem Jahr.
- Ausgelöste Maiskörner sollten vor dem Einfrieren vier Minuten blanchiert und innerhalb von drei Monaten verbraucht werden.

Zubereitung

- Mais behält seine Struktur und Zartheit, wenn man dem Kochwasser etwas Zucker beifügt. Auf keinen Fall sollte man Salz zugeben, es macht den Mais zäh.
- Maiskolben sollten vor der weiteren Verwendung kurz in kochendes Wasser gegeben und dann kalt abgeschreckt werden. Sie eignen sich zum Beispiel zum Grillen oder können in Folie gegart werden.

Maisstärke

- Wenn man Suppen und Soßen mit Maisstärke bindet, bekommen sie einen schönen Glanz.
- Durch die ölhaltigen Keime ist Maisstärke leicht verderblich und sollte in einem luftdicht verschlossenen Behälter im Kühlschrank aufbewahrt werden. Tiefgekühlt ist sie ein bis zwei Jahre haltbar.

Mandeln

- Mandeln lassen sich leichter schälen, wenn man sie mit heißem Wasser überbrüht und kalt abschreckt. Dann kann man den Kern leicht aus der Schale herausdrücken.

weiter geht's mit **Mandeln**

- Anstelle gemahlener Mandeln kann man ersatzweise die gleiche Menge gemahlener Haferflocken verwenden.

Margarine

- Margarine ist auch als Butterersatz bekannt (siehe Seite 27).
- Sie besteht zu mindestens 80 Prozent aus Fetten und zu maximal 20 Prozent aus Wasser. Milchfett und Milcheiweiß machen maximal ein Prozent aus.
- Die klassische Margarine enthält sowohl tierische als auch pflanzliche Fette, meistens zu gleichen Teilen. Die sogenannten rein pflanzlichen Margarinen müssen einen Pflanzenfettanteil von mindestens 98 Prozent haben.
- Biomargarine kann man als Ersatz für Butter verwenden; sie enthält wenig bis kein Cholesterin und hat dennoch Vitamine.

Verwendung

- Margarine enthält Wasser und kann beim Erhitzen spritzen. Um dies zu verhindern, die Margarine in die kalte Pfanne geben und rasch heiß werden lassen. Dadurch verdampft das Wasser bei noch relativ niedrigen Temperaturen.
- Beim Backen kann Margarine generell als Butterersatz verwendet werden.

Marinade

Marinade ist eine gewürzte Flüssigkeit, in die man Fleisch oder Gemüse einlegt. Bei Wild wird sie Beize genannt (siehe **Wild**, Seite 153). Marinaden sorgen dafür, dass das Gargut mürber, aromatischer oder auch weicher wird. Sie können wie Beizen aus Buttermilch, Wein oder Essig, Öl oder Zitronensaft bestehen.

weiter geht's mit **Marinade**

- Zum Marinieren Porzellan- oder Edelstahlgefäße verwenden. Marinade enthält zumeist Wein oder Essig und deren Säure würde Metallgefäße angreifen.
- Grillfleisch oder mageres Bratfleisch (siehe **Steak**, Seite 143) kann man in eine ölhaltige Marinade einlegen. Sie gibt dem Fleisch eine Fetthülle, die sie während des Garens vor dem Austrocknen bewahrt.
- Dicke Fleischstücke müssen länger in der Marinade liegen.

Markklößchen

- Sie lassen sich gut einfrieren: auf ein Tablett legen, anfrieren lassen und dann in einen Gefrierbeutel oder eine -dose geben.
- Markklößchenteig wird durch die Zugabe von etwas Backpulver lockerer.

- Anstatt mit Mark kann man die Klößchen auch mit der gleichen Menge gebräunter Butter zubereiten.

Marmelade

Verzuckerte, fest gewordene Marmelade wird wieder flüssig bzw. streichfähig, wenn man das Glas offen in ein warmes Wasserbad stellt (siehe **Honig**, Seite 72).

Mayonnaise

Geöffnetes Glas

Ein angebrochenes Glas Mayonnaise hält sich im Kühlschrank ca. zwei Monate. Die Mayonnaise immer mit einem sauberen Löffel entnehmen.

Geronnene Mayonnaise retten

Eine selbst zubereitete Mayonnaise, die geronnen ist, wird wieder glatt, weiter geht's mit **Mayonnaise**

- indem man ein Eigelb zusammen mit einem Spritzer Zitronensaft vermengt und die geronnene Mayonnaise löffelweise unter Rühren zugibt;
- indem man ca. einen Esslöffel lauwarmes Wasser an den Rand der Schüssel gibt und nach und nach mit der Mayonnaise glatt verrührt.

Sicheres Gelingen
Alle Mayonnaise-Zutaten sollten Zimmertemperatur haben.
Das Öl in einem dünnen Strahl in die Eimasse einfließen lassen.

Meerrettich

- Bei der Verarbeitung von Meerrettich können die Augen tränen. Als Gegenmittel hilft, an frischem Schwarzbrot zu riechen.
- Frische Meerrettichwurzel kann man einfrieren. Sie verliert dadurch jedoch etwas an Schärfe.
- Frisch geriebenen Meerrettich sollte man nicht in der Soße mitkochen, er verliert dadurch sein Aroma.

Mehl

Binden
Zu dünne Suppen und Soßen lassen sich leicht mit Mehl oder Stärkemehl binden:

- Butter und Mehl in einem Topf anschwitzen und nach und nach die Flüssigkeit unter Rühren zugeben. Ca. 20 Minuten bei geringer Hitze ziehen lassen, damit sich der Mehlgeschmack verliert (siehe **Mehlschwitze**, Seite 103).
- Mehl oder Maisstärke (siehe Seite 98) mit wenig kalter Flüssigkeit glatt anrühren und in die heiße Flüssigkeit einrühren.

weiter geht's mit **Mehl**

Lagerung

Generell lagert man Mehl an einem dunklen, kühlen Ort, am besten in einem gut verschließbaren Glas oder in einer Blechdose.

Mehle, die einen niedrigeren Ausmahlungsgrad (siehe Typen) und damit einen höheren Fettanteil haben, halten nicht so lange wie die weißen Auszugsmehle. Diese können bis zu einem Jahr aufbewahrt werden.

Reinigen

Arbeitsplatten oder Küchengeräte, die mit Mehl in Berührung gekommen sind, erst mit einem trockenen Tuch abwischen und dann mit kaltem Wasser reinigen. Warmes Wasser bringt die Stärke im Mehl sofort zum Quellen, die Oberfläche wird klebrig.

Typen

Mehltypen bezeichnen den Ausmahlungsgrad (also die Feinheit) des Mehls. Gängige Typen und ihre klassischen Verwendungsformen sind:

- Type 405 Weiß- oder Auszugsmehl, für Kuchen und Feingebäck
- Type 550 wenig grobes Weißmehl, für Brötchen und Weißbrote
- Type 1200 dunkles Weizenmehl, für Graubrote
- Type 1700 schrotiges Mehl mit Keimen, für Schrotbrote

Aufgrund ihrer Backeigenschaften sind die Mehltypen in Rezepten nicht ohne weiteres austauschbar. Bei Mehlmischungen sollte man bedenken, dass Vollkornmehle eine längere Quellzeit haben und demzufolge auch mehr Flüssigkeit benötigen.

Siehe auch **Roggenmehl**, Seite 129

Mehlklümpchen

- Um Mehlklümpchen aus der Soße zu entfernen, gießt man sie durch ein feinmaschiges Sieb ab.

M

weiter geht's mit **Mehlklümpchen**

- Klümpchen kann man vermeiden, wenn man das Mehl in kaltem Wasser glatt rührt, bevor man es in die Soße einrührt.

Mehlschwitze

Generell gilt, dass eine heiße Mehl-Butter mit kalter Flüssigkeit aufgegossen wird und Mehlschwitze genannt wird. Eine kalte Mehl-Butter (siehe Seite 28) wird heißen Flüssigkeiten zugegeben.

- Die angegossene Flüssigkeit sollte kalt eingerührt werden, das verhindert ein Verklumpen.
- Die Flüssigkeit in kleinen Mengen zugeben und jeweils gut durchrühren. Die nächste Portion Flüssigkeit erst einrühren, wenn die Soße wieder glatt aussieht und Bindung hat.

Milch

Anbrennen

- Milch brennt nicht so schnell an, wenn der Topf vor Verwendung mit kaltem Wasser ausgespült wurde. Das Wasser wirkt wie ein Trennfilm.
- Gegen das Anbrennen hilft auch die Zugabe von etwas Zucker. Dann kann die Milch jedoch nur für Süßspeisen verwendet werden.

Brandgeruch

Der Geruch von übergekochter Milch reduziert sich schnell, wenn man Salz auf die Herdplatte streut, kurz einwirken lässt und dann alles abwischt.

Überkochen

Indem man den Topfrand dünn mit Butter bestreicht, verhindert man das Überkochen.

M

Morcheln

- Ein delikater Pilz, der zumeist getrocknet angeboten und erst nach einer Einweichzeit von mindestens fünf Minuten genießbar wird.
- Das Einweichwasser getrockneter Pilze kann man gut für Soßen verwenden. Es sollte aber vorher durch ein feinmaschiges Sieb abgegossen werden, da Morcheln häufig sandig sind.

Mürbeteig

Die Zutaten sollten Zimmertemperatur haben, damit sie sich schneller miteinander verbinden. Den Teig so schnell wie möglich kneten und dann für mindestens eine halbe Stunde kühl ruhen lassen.

Muscheln

Frischetest
Frische Muscheln duften angenehm nach Meer und schließen sich, wenn man sie unter fließend kaltes Wasser hält.

Mengen
Für Gerichte mit Herz- oder Venusmuscheln rechnet man ca. 400 Gramm pro Portion, bei Miesmuscheln 600 Gramm.

Lagerung
Muscheln sollten wie Fisch (siehe Seite 53) so frisch wie nur möglich verzehrt werden. Sie halten sich im Kühlschrank maximal einen Tag. Am besten legt man die Muscheln auf Eis und erneuert es alle paar Stunden.

Putzen
- Muscheln sollten noch leben, wenn man sie zubereitet. Man

weiter geht's mit **Muscheln**

erkennt es daran, dass sie sich beim Waschen unter fließend kaltem Wasser schließen. Muscheln, die offen bleiben, werden nicht verwendet.
- Zum Reinigen legt man die Muscheln in Salzwasser, dann geben sie den Sand nach außen ab. Das Wasser wechseln, sobald es trüb ist. Zum Schluss den Bart entfernen.

Saison

Muscheln kann man mittlerweile das ganze Jahr über kaufen. Die eigentliche Saison fällt aber auf die Monate mit r. Die besten Muscheln erhält man zwischen Oktober und März.

Verwenden

Man isst nur die Muscheln, die sich beim Garen öffnen. Geschlossene Muscheln werden aussortiert.

Muskatnuss

- Eine qualitativ gute Muskatnuss ist hart und schwer und hat keine Löcher. Um die Frische zu prüfen, ritzt man die Nuss leicht mit einer Nadel ein. Bildet sich ein öliger Film oder ein Tröpfchen, ist sie frisch.
- Muskatnuss immer erst am Ende der Garzeit zugeben, sonst schmeckt das Gericht bitter.
- Frisch geriebene Muskatnuss ist weitaus aromatischer als fertig gemahlenes Pulver.

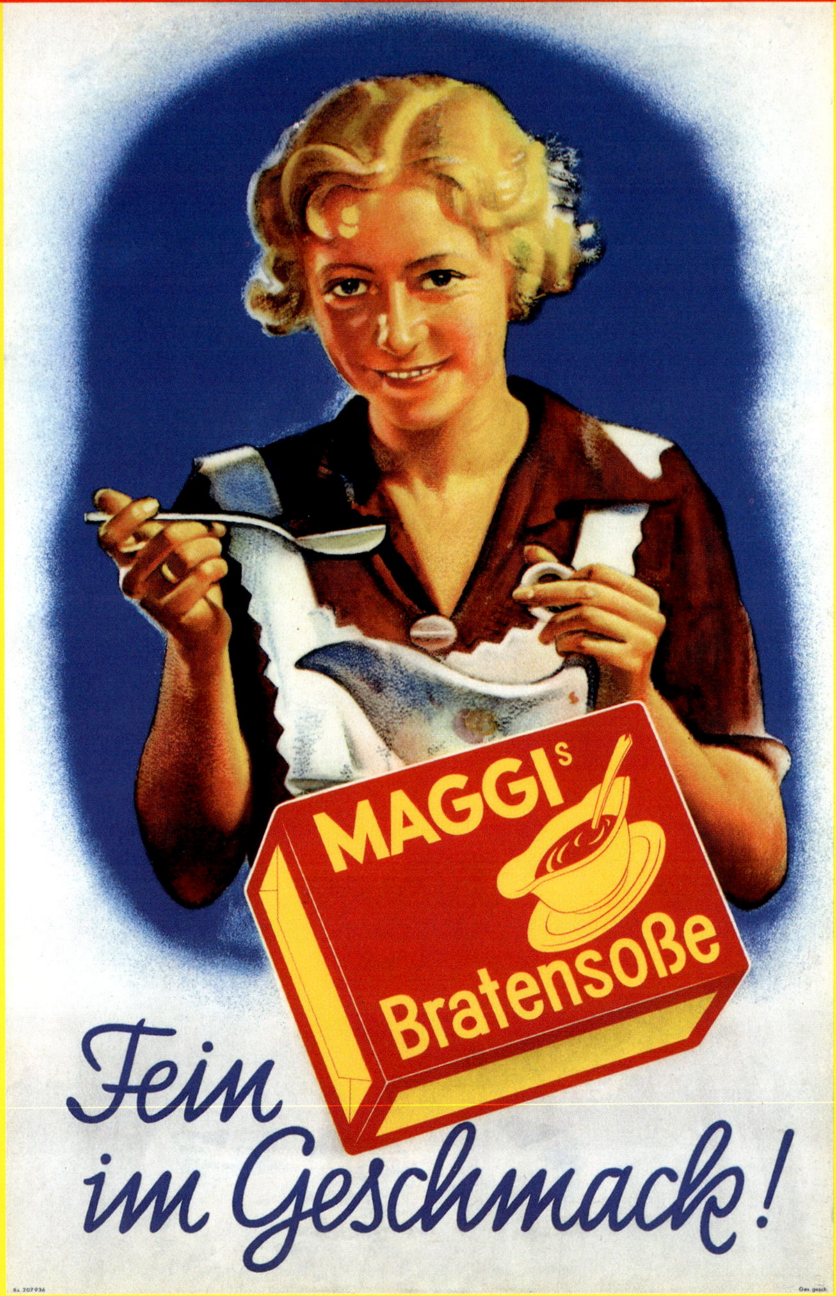
MAGGI^s
Bratensoße
Fein im Geschmack!

N

Nudeln

Natron

Nüsse

Nudelsalat **Nieren**

Nudelauflauf/Nudelgratin

Natron

- Natron eignet sich in Verbindung mit säurehaltigen Zutaten wie Essig und Zitronensaft, aber auch Joghurt oder Buttermilch, als Treibmittel. Es verlangt jedoch eine genaue Dosierung. Wenn zu viel Natron zugegeben wird, bekommen die Speisen einen unangenehmen Geschmack.
- Verdünnt eignet sich Natron als Putzmittel (siehe **Essigessenz**, Seite 44).
- Grüne Gemüse, wie zum Beispiel Erbsen oder Bohnen, behalten ihre intensive Farbe, wenn man etwas Natron ins Kochwasser gibt.

Nieren

- Nieren gründlich putzen oder vom Metzger putzen lassen. Sämtliche Röhren und Trennwände müssen entfernt werden.
- Darauf achten, dass die Nieren gut gewässert sind, eventuell selbst nochmals wässern.
- Nieren verlieren ihren strengen Geschmack, wenn man sie kurz in Essigwasser einlegt.
- Das Einlegen in Milch macht Nieren zart (siehe **Leber**, Seite 94).

Nudeln

Aufwärmen

Gekochte Nudeln können auf verschiedene Arten aufgewärmt werden:

- Die Nudeln in ein Sieb geben, dieses in einen Topf mit kochendem Wasser hängen und mit einem Deckel verschließen. Der Wasserdampf erhitzt die Nudeln. Darauf achten, dass sie nicht mit dem kochenden Wasser in Berührung kommen.
- Für ca. zwei Minuten in sprudelnd kochendes Wasser geben, abgießen und gleich servieren.

weiter geht's mit **Nudeln**

- Die Nudeln nach italienischer Art in der Soße erwärmen.
- In Butter oder Öl schwenken – bei dieser Methode verbinden sich die Nudeln allerdings nicht mehr so gut mit der Soße.
- Abgedeckt in der Mikrowelle erhitzen.

Geschmeidigkeit

Nudeln werden geschmeidiger, wenn man sie kurz vor dem Anrichten mit ein wenig Kochwasser übergießt. Man kann auch etwas Öl oder Butter verwenden, ohne dass der Geschmack beeinträchtigt wird.

Kochen

- Das Grundprinzip lautet: 1 : 10 : 100. In 1 Liter kochendes Wasser 10 Gramm Salz und 100 Gramm Nudeln geben.
- Das Wasser sollte sprudelnd kochen, dann kleben die Nudeln nicht zusammen. Man braucht kein Öl zuzugeben.
- Nudeln sollten bissfest – „al dente" – sein, dann schmecken sie am besten.
- Gegarte Nudeln in ein Sieb abgießen und sofort heiß servieren bzw. mit der Soße vermischen.
- Nudeln nur dann mit kaltem Wasser abschrecken, wenn man daraus einen Salat oder einen Auflauf zubereiten möchte.

Lagerung

Nudeln sollten trocken gelagert werden. Angebrochene Packungen von Hartweizennudeln innerhalb von sechs Monaten verbrauchen. Frische Nudeln sofort verbrauchen.

Mengen pro Portion

Man rechnet pro Person folgende Menge an Nudeln (roh):
- als Hauptgericht 100 bis 150 Gramm

weiter geht's mit **Nudeln**

- als Beilage ca. 80 Gramm
- als Vorspeise ca. 50 Gramm

Würze

Nudeln schmecken herzhaft, wenn man einen Esslöffel Instant Fleisch- oder Gemüsebrühe oder Bouillon Mediterranea mit ins Kochwasser gibt.

Nudelauflauf/ Nudelgratin

Ein Nudelauflauf (oder -gratin), zum Beispiel Lasagne oder Cannelloni, trocknet nicht aus, wenn er mit Butterflöckchen bedeckt oder mit Käse bestreut wird.

Nudelsalat

- Nudeln für einen Nudelsalat immer knapp gar (bissfest) kochen und kalt abschrecken. Sie ziehen in der Marinade noch etwas nach.

- Den fertigen Nudelsalat nicht lange stehen lassen, sonst quellen die Nudeln auf und werden weich.

Nüsse

Lagerung

Nüsse enthalten viel Fett (siehe **versteckte Fette**, Seite 50). Man sollte sie daher kühl und nicht allzu lange lagern.

Schälen

Siehe **Mandeln**, Seite 98

O

Obst
Öl
Omelett   **Orangen**

Obst

Klassifizierungen

Obst wird in verschiedenen Handelsklassen angeboten. Man unterscheidet allgemein:

- **Handelsklasse Extra:**
  Fruchtfleisch, Größe und Erscheinungsbild der Früchte genügen höchsten Ansprüchen.
- **Handelsklasse 1:**
  Fruchtfleisch und Größe der Früchte genügen höchsten Ansprüchen. Das Erscheinungsbild kann etwas von dem der Spitzenqualität abweichen.
- **Handelsklasse 2:**
  Die Fruchtfleischqualität ist gewährleistet. Die Früchte haben die vorgeschriebene Mindestgröße. Kleinere Fehler in Form und Farbe sind zulässig.
- **Handelsklasse 3:**
  Die Fruchtfleischqualität ist gewährleistet, aber nicht die festgelegte Mindestgröße. Es kann kleinere Fehler bei Form und Farbe geben.

Lagerung

- Heimische Obstsorten wie Äpfel, Birnen oder Beerenfrüchte sollten kühl, trocken und dunkel (jedoch nicht im Kühlschrank) gelagert werden. Südfrüchte reifen zumeist noch nach, man sollte sie bei Zimmertemperatur aufbewahren.
- Obst und Gemüse nicht zusammen lagern. Das bei der Reifung entstehende Ethylengas könnte die Qualität beeinträchtigen.

Verfärben

Die Schnittstellen der Früchte bleiben hell und verfärben sich nicht, wenn man sie mit etwas Zitronensaft beträufelt.

Öl

Lagerung

- Öl sollte kühl und dunkel gelagert werden, am besten in Flaschen aus dunklem Glas. Angebrochene Flaschen immer gut verschließen.
- Im Kühlschrank kann Öl zähflüssig oder flockig werden. Das beeinträchtigt jedoch nicht die Qualität. Wenn man das Öl ca. eine Stunde bei Zimmertemperatur stehen lässt, wird es wieder klar.
- Öl, das eher selten verwendet wird, sollte nicht in einem halb leeren Gefäß aufbewahrt werden. Darin bekommt es zu viel Luft und oxidiert. Daher in diesem Fall das Öl in einen kleineren Behälter umfüllen.

Übersicht über die gängigsten Öle, ihre Haltbarkeit und Hitzebeständigkeit:

(Die Angaben verstehen sich als ungefähre Anhaltspunkte; raffinierte Öle und kaltgepresste Öle unterscheiden sich zum Teil deutlich in ihrer Haltbarkeit und Hitzebeständigkeit.)

- **Distelöl**
  9 Monate
  verträgt keine Hitze
- **Erdnussöl**
  15 Monate
  verträgt auch große Hitze
- **Haselnussöl**
  6 Monate
  verträgt keine Hitze
- **Kürbiskernöl**
  9 Monate
  verträgt keine Hitze
- **Maiskeimöl**
  12 Monate
  verträgt Hitze
- **Mandelöl**
  10 Monate
  verträgt keine Hitze

O

weiter geht's mit Öl

- **Olivenöl**
  12 Monate
  verträgt Hitze
- **Rapsöl**
  9 Monate
  verträgt Hitze
- **Sesamöl**
  12 Monate
  verträgt keine Hitze
- **Sojaöl**
  12 Monate
  verträgt keine Hitze
- **Sonnenblumenöl**
  12 Monate
  gut erhitzbar
- **Traubenkernöl**
  8 Monate
  verträgt auch große Hitze
- **Weizenkeimöl**
  12 Monate
  verträgt keine Hitze
- **Walnussöl**
  6 Monate
  verträgt keine große Hitze

Deklaration
Als „kaltgepresst" bezeichnet man ein Öl, wenn es ohne Wärmebehandlung gewonnen wurde. Das Aroma und die wertvollen Inhaltsstoffe werden bewahrt.

Omelett

Diese Eierspeise wird ohne Mehl zubereitet. Die Eier sollten frisch und von bester Qualität sein.

- Ein schönes Omelett ist auf der Unterseite braun und glänzt auf der Oberseite golden. Das gelingt, wenn man die Pfanne während des Stockens immer wieder schwenkt.
- Je mehr Eier man zufügt und je sorgfältiger diese geschlagen sind, desto luftiger wird das Omelett.
- Man kann auch Eigelbe und Eiweiße getrennt aufschlagen und den Eischnee vorsichtig unter das

weiter geht's mit **Omelett**

Eigelb heben. Dann bekommt das Omelett mehr Volumen.
- Etwas Mineralwasser mit Kohlensäure lockert die Masse.

Siehe **Ei**, Seite 38

Orangen

Filetieren

Orangen mit einem scharfen Messer bis auf das saftige Fruchtfleisch schälen. Dabei die weiße Haut entfernen, zwischen den Trennhäuten einschneiden und die Filets vorsichtig herauslösen.

Lagerung
- Orangen reifen nicht nach. Beim Kauf sollte man darauf achten, dass die Früchte bereits ihre satte orange Farbe haben und unbeschädigt sind.
- Orangen halten sich bei Zimmertemperatur ca. eine Woche. Die Früchte nicht zu kühl lagern, da sie sonst ihr Aroma verlieren.

Schälen

Orangen lassen sich leichter schälen, wenn man sie kurz in warmes Wasser legt.

Sorten

Von über 400 bekannten Sorten werden 20 vermarktet. Im Handel sind erhältlich:
- Blondorangen (darunter gelten Valencia-Orangen als die besten Saftorangen der Welt und Navelorangen als hervorragende Speiseorangen)
- Kernlose Navelorangen
- Blutorangen
- Bitterorangen (Pomeranze oder Sevilla-Orange), die Urmutter der süßen Orangen

Zubereitung
- Orangensaft geben Cremes ein sehr dezentes Aroma. Um es nicht zu überdecken, sollte man andere Zutaten sparsam dosieren.

O

weiter geht's mit **Orangen**

- Zum Abreiben der Schale ein Stück Pergamentpapier auf die Reibe geben, dann bleiben keine Schalenreste in der Reibe haften.
- Abgeriebene Orangenschale mit Zucker vermischen und in einer verschließbaren Dose im Kühlschrank aufbewahren. Die zerriebene Schale hält sich ca. zwei bis drei Wochen und eignet sich hervorragend zum Aromatisieren von Soßen und Süßspeisen.

P

Panade

Papaya

Paprikapulver

Paranüsse

Paprikaschote

Pasta

Pektin

Petersilie

Pfeffer

Pfannkuchen

Pudding

Pilze

Panade

- Panade wird schön locker, wenn man ein paar Tropfen Öl in das verquirlte Ei einrührt.
- Mit Parmesan vermischte Semmelbrösel geben eine knusprig-würzige Note.
- Damit die Panade während des Bratens am Gargut haften bleibt, das Bratfett stark erhitzen. Die Temperatur erst dann reduzieren.

Papaya

Unreife Papaya enthält das Enzym Papin. Wie das Bromelin der Ananas (siehe Seite 12) wird es oft als Zartmacher für Fleisch verwendet. Papayas kann man, ähnlich wie Feigen (siehe Seite 48), zusammen mit Fleisch garen. Sie geben dem Gericht eine frische und fruchtige Note.

Lagerung

- Reife Papayas so rasch wie möglich verwenden. Maximal zwei Tage im Kühlschrank aufbewahren.
- Unreife Papayas in einen Kunststoffbeutel geben und für ein bis zwei Tage bei Zimmertemperatur liegen lassen. Dann sind sie reif.

Vorbereitung

Papayas der Länge nach halbieren und die Kerne samt Geleebett mit einem Löffel herausschaben. Dann die Frucht schälen oder das Fruchtfleisch aus der Schale herauslöffeln.

Paprikapulver

Paprikapulver verbrennt in heißem Fett sehr schnell und wird dabei bitter (siehe **Muskatnuss**, Seite 105). Wenn man angebratenes Fleisch mit Paprika würzen möchte, zum Beispiel Gulasch, sollte man warten, bis sich Bratensaft gebildet hat und erst dann das Paprikapulver zugeben.

Paprikaschote

Häuten
Die Paprikaschote waschen, halbieren, die weißen Trennwände und die Kerne entfernen. Die Schotenhälften mit der gewölbten Seite nach oben in den 180 °C heißen Backofen legen, bis die Haut dunkel ist und Blasen wirft (das dauert ca. 15 Minuten). Paprika herausnehmen und die Haut mit einem Kartoffelschäler abziehen.

Lagern
Paprikaschoten sollten in einem kühlen Raum bei ca. 10 °C aufbewahrt werden, aber nicht im Kühlschrank.

Rohkost
Rohe Paprikaschoten, zum Beispiel im Salat, sind bekömmlicher, wenn man sie in sehr dünne Streifen schneidet.

Sorten
Paprikaschoten gibt es in den Farben grün, rot und gelb. Es handelt sich dabei nicht um unterschiedliche Arten, sondern um verschiedene Reifestufen: Grüne Schoten sind am wenigsten gereift und etwas bitter. Rote Schoten sind reifer und weitaus milder. Gelbe Schoten sind voll ausgereift und können sogar eine gewisse Süße haben.

Paranüsse
Die Schale der Paranüsse lässt sich leichter knacken, wenn die Nüsse kurz in warmes Wasser gelegt werden.

Pasta
Siehe **Nudeln**, Seite 108

P

Pektin

Pektin ist ein Bindemittel (siehe **Agar-Agar**, Seite 12), das aus Apfeltrester, Orangenschalen oder Zuckerrüben gewonnen wird. Es ist in kalter oder warmer Flüssigkeit löslich, geliert jedoch nur zusammen mit einer säurehaltigen Frucht.

Petersilie

Lagerung

- Die Petersilienstängel kann man wie Blumen anschneiden und ins Wasser stellen. Die Petersilie hält sich bis zu einer Woche.
- Etwa drei Tage bleibt Petersilie frisch, wenn man sie in ein feuchtes Küchentuch wickelt im Kühlschrank aufbewahrt.
- Petersilie eignet sich hervorragend zum Einfrieren. Sie sollte dazu gewaschen, trocken geschüttelt und klein gehackt werden. Unaufgetaute Petersilie den Speisen zufügen.

Sorten

Aus der ursprünglich glatten Petersilie entstanden durch Züchtungen krause Sorten. Die glatte Petersilie ist etwas feiner, aromatischer und milder im Geschmack. Krause Sorten sind allerdings robuster, weshalb sie gerne zum Dekorieren verwendet werden.

Zubereitung

- Petersilie bleibt aromatisch und behält ihre Vitamine, wenn man sie nur kurz in Wasser wäscht.
- Petersilie sollte nicht mitgekocht werden. Man gibt sie erst zu, wenn die Speise fertig gekocht ist.
- Petersilie (und auch andere Kräuter) kann man mit einer Küchenschere sehr fein schneiden.

P

Pfannkuchen

- Teig und Backvorgang, siehe **Crêpes**, Seite 34
- Wenn der Teig durch zu viel Mehl zu dick geraten ist, gibt man vor dem Ausbacken nochmals Wasser oder Milch zu.
- Der Teig reißt beim Backen leicht, wenn er zu viel Zucker enthält oder die Backhitze zu gering ist.

Pfeffer

Sorten

Pfefferkörner sind in den Sorten schwarz, weiß und grün im Handel erhältlich. Die rosafarbenen Beeren gehören nicht zur Pfefferfamilie. Sie stammen vom Sumachstrauch und dienen oft in Pfeffermischungen als Farbtupfer.

- Schwarzer Pfeffer wird unreif geerntet. Er erhält seine schwarze Farbe und seine pikante Schärfe durch das Trocknen an der Sonne.
- Grüner Pfeffer wird ebenfalls unreif geerntet, aber nicht getrocknet, sondern eingelegt. Er ist sehr mild.
- Weißer Pfeffer ist teurer, weil seine Herstellung aufwändiger ist. Die Pfefferbeeren werden reif geerntet, getrocknet, in Wasser eingeweicht und geschält. Der Pfeffer bekommt dadurch einen milderen und feineren Geschmack.

Verwendung

- Gemahlener Pfeffer verträgt keine Hitze, daher erst unmittelbar vor dem Servieren zugeben.
- Am intensivsten schmeckt Pfeffer, wenn er frisch aus der Mühle über das Gericht gemahlen wird.
- Wenn keine Mühle zur Hand ist, kann man die Pfefferkörner auch auf ein Holzbrett legen, mit Folie abdecken und mit einer schweren Pfanne zerdrücken.

Pilze

Einfrieren
Pilze putzen und ganz oder in Scheiben auf einem Tablett anfrieren lassen. Dann in einer Gefrierdose oder einem Gefrierbeutel fertig tiefgefrieren. Die Pilze werden in gefrorenem Zustand weiterverarbeitet.

Frischetest
Ein frischer Pilz ist fest und prall und hat keine feuchten Stellen. Trockene Stielenden deuten auf ältere Ware hin.

Getrocknet
Getrocknete Pilze sind sehr aromatisch. Weicht man sie vor der weiteren Verarbeitung ein, kann man das Einweichwasser weiter verwenden.

Lagerung
Pilze sollte man – wegen ihres hohen Wassergehaltes – so frisch wie möglich verwenden. In einer Papiertüte lassen sie sich im Kühlschrank ein bis zwei Tage aufbewahren. Lange Lagerzeiten lassen den Pilz austrocknen.

Putzen
Siehe **Champignon**, Seite 32

Pudding

Fertigpudding
Die Süßspeise von cremiger bis schnittfester Konsistenz, kann – ganz nach Zutaten – kalt oder heiß angerührt werden.

- Fertiger Pudding kann im Kühlschrank bis zu zwei Tagen aufbewahrt werden.
- Damit der Pudding nicht anbrennt, verwendet man am besten einen beschichteten Topf und lässt die Masse bei geringer Temperatur kochen.
- Haut auf dem Pudding lässt sich vermeiden:

P

123

veiter geht's mit **Pudding**

- Den heißen Pudding in eine Schüssel gießen und dünn mit Zucker bestreuen.
- Den heißen Pudding in eine Schüssel gießen und Klarsichtfolie direkt auf die Oberfläche legen, so dass sich zwischen Pudding und Folie keine Luft mehr befindet.

Selbst gemacht

Die klassischen englischen und amerikanischen Puddings (Brotpudding, Plum Pudding, Christmas Pudding) sind in aller Regel üppige und aufwändige Köstlichkeiten.

Sie werden im Wasserbad gegart, wobei darauf zu achten ist, dass kein Kochwasser in die Puddingmasse gelangt.

Für jeden Tisch
Maggi's
Würze
einzig in ihrer Art
Für jede Küche
Hier zu haben.

Q/R

Quark
Radicchio
Radieschen   Rhabarber
Reis
Rosinen
Roggenmehl
Rote Bete   Rouladen
Rucola/Rauke
tkohl
Rührei

Q/R

Quark

Quark wird wie Joghurt (siehe Seite 76) in verschiedenen Fettstufen angeboten:

- Magerquark:
  bis zu 3 % Fettanteil
- Halbfettquark:
  bis zu 20 % Fettanteil
- Vollfettquark:
  bis zu 40 % Fettanteil
- Schichtkäse oder -quark:
  mit mindestens 40 % Fettanteil

Verwendung
- Magerquark wird luftig und cremig, wenn er mit einem Schuss Mineralwasser verrührt wird.
- Magerquark macht Kuchenteige lockerer und reduziert Kalorien. Bei Rührteigen kann man die Hälfte des Fetts durch Magerquark ersetzen.

Radicchio

Radicchio kann so bitter sein wie Chicorée. Um die Bitterkeit zu mildern, wäscht man die einzelnen Blätter kurz in lauwarmem Wasser.

Radieschen

- Zwei bis drei Radieschen, ca. 30 Minuten vor dem Essen verzehrt, stimulieren die Magensäure und regen den Appetit an.
- Radieschen lassen sich bis zu drei Tagen im Gemüsefach des Kühlschranks lagern. Man sollte das Grün entfernen, da es den Radieschen Feuchtigkeit entzieht.

Reis

Angebrannt
Den obenauf liegenden, nicht angebrannten Reis großzügig mit einem

weiter geht's mit **Reis**

Löffel in einen anderen Topf umfüllen und in Wasser fertig garen. Den angebrannten Reis im Topf mit einer Mischung aus Essigessenz und Wasser bedecken und langsam aufkochen. Dann die Masse herauslösen und den Topf wie gewohnt spülen.

Anrichten
Eine Tasse ein wenig einfetten, den gekochten Reis leicht hineindrücken und auf den Servierteller stürzen.

Aufwärmen
Bereits gekochter Reis kann aufgewärmt werden:
- über Wasserdampf
- in heißem Wasser
- in der Mikrowelle
- in Butter oder Öl

Einfrieren
Gut verpackt hält sich gekochter Reis ca. acht Monate im Tiefkühlfach. Zum Auftauen in ein Sieb geben und ca. zehn Minuten über Wasserdampf heiß werden lassen.

Färben und würzen
Der Reis nimmt Farbe und Geschmack an, wenn man folgende Zutaten im Wasser mitkocht:
- Grün: etwas pürierten Spinat mit einem Esslöffel weicher Butter vermischt ins Kochwasser geben.
- Gelb: Kurkuma oder – noch feiner – einige zerriebene Safranfäden zugeben.
- Orange: Tomatenmark oder -saft unterrühren.
- Violett: etwas Rote-Bete-Saft zugießen.
- Blauschwarz: die Tinte des Tintenfischs zugeben.

Grundrezepte
Quellreis: Bei dieser klassischen Garmethode werden Reis und Wasser im Verhältnis eins zu zwei aufgekocht (pro Tasse Reis zwei Tassen Wasser).

R

weiter geht's mit **Reis**

Dann lässt man den Reis bei geringster Wärmezufuhr zwischen 10 und 20 Minuten quellen.
Dämpfreis: Der gut gespülte Reis kommt in einen Dampfkorb oder ein sauberes Küchentuch und wird ca. 40 bis 50 Minuten über heißem Wasserdampf gegart.
Risottoreis: Den Reis in etwas heißer Butter oder Öl anschwitzen. Etwas Flüssigkeit angießen (zum Beispiel Brühe, Wein oder Milch) und fast vollständig verdampfen lassen. Dann wieder Flüssigkeit zugeben, erneut verdampfen lassen usw., bis die angegebene Flüssigkeitsmenge verbraucht und der Reis schön sämig ist.

Lagerung

Reis nimmt leicht Feuchtigkeit auf und muss trocken lagern. Er ist sehr lange haltbar. Naturreis verdirbt allerdings schneller, da er noch den fettreichen Keimling enthält.

Mengen pro Portion
Man rechnet pro Person folgende Menge Reis (roh):
- als Hauptgericht ca. 60 Gramm
- für einen Risotto ca. 80 bis 100 Gramm
- als Beilage ca. 30 bis 40 Gramm
- als Vorspeise ca. 20 bis 30 Gramm

Sorten
Naturreis: enthält noch den fettreichen Keimling.
Weißer Reis: ist geschält und enthülst; er besitzt weder Keimling noch die schützende Haut (Aleuronschicht).
Parboiled Reis: wird unter Dampfdruck geschält. Die Vitamine in der Aleuronschicht werden dabei ins Korn gepresst und bleiben erhalten. Der Keimling wird herausgelöst.

Rhabarber

- Rhabarber sollte man nie roh verzehren, da er unbekömmliche Säuren enthält.
- Kuchen, Desserts oder Kompott mit Rhabarber können im Mund ein stumpfes bis pelziges Gefühl hinterlassen. Dafür ist die im Rhabarber reichlich vorhandene Oxalsäure verantwortlich.
- Rhabarber kurz in kochendes Wasser legen, herausnehmen und kalt abbrausen (blanchieren). Dadurch reduziert sich die bitter schmeckende Oxalsäure.
- Die Säure des Rhabarbers wird durch die Zugabe von etwas Zitronensaft, Weißwein oder Milch gemildert.
- Sorten mit grünem Stiel enthalten mehr Säure als rotstielige Rhabarberstängel.

Roggenmehl

Roggenmehl enthält weniger Eiweiß, aber mehr Mineralstoffe als Weizenmehl. Es wird in der Regel für Sauerteig verwendet und ist auch ideal für die Vollwertküche.
Gängige Roggenmehl-Typen und ihre klassischen Verwendungsformen:

- Type 610 für Feingebäck
- Type 815 für helles Kleingebäck
- Type 1150 für Graubrot
- Type 1590 für Mischbrot, zum Beispiel mit Weizenmehl kombiniert
- Type 1800 für Schrotbrote

Siehe **Mehl**, Seite 101

Rosinen

Trockene Rosinen, so wie Weinbeeren und Korinthen werden wieder weich und aromatisch, wenn man sie 15 bis 30 Minuten in Apfelsaft, Zitronenwasser oder schwarzem Tee einweicht.

R

Rote Bete

Färben

- Ihr Saft eignet sich als natürliche Speisefarbe. Man kann damit zum Beispiel Glasuren, Marzipan und Reis färben (siehe Seite 127).
- Rote Bete verfärben auch die Haut. Es empfiehlt sich, bei ihrer Verarbeitung Gummihandschuhe zu tragen.

Geschmack

Wem der erdige Geschmack zu intensiv ist, kocht die Roten Bete in der Schale ca. 30 Minuten in Wasser. Dann schälen und weiterverarbeiten. Oder man bereitet sie wie eine Folienkartoffel zu (siehe Seite 84).

Kochen

- Rote Bete im Ganzen mit Wurzelansatz und Schale kochen, damit das Fruchtfleisch weniger Saft verliert.
- Etwas Zitronensaft im Kochwasser erhält die schöne Farbe.
- Erst nach dem Garen salzen, sonst geht die Farbe verloren.
- Rote Bete lassen sich nach dem Kochen leichter schälen, wenn man sie mit kaltem Wasser abschreckt.

Lagerung

Frische Rote Bete halten sich im Kühlschrank bis zu vier Wochen. Im Keller kann man sie bis zu zwei Monaten aufbewahren, aber sie trocknen dabei aus und werden hart.

Servieren

Rote Bete eignen sich hervorragend zum Dekorieren von Speisen aller Art (siehe auch **Reis, Färben und wür-**

weiter geht's mit **Rote Bete**

zen, Seite 127). In Streifen geschnitten und frittiert wird die Rote Bete zum Beispiel zu einer originellen und schmackhaften Suppeneinlage.

Rotkohl

Rotkohl behält beim Kochen seine rote Farbe, wenn man einen Esslöffel Essig oder einige Stückchen sauren Apfel dazugibt.

Rotwein

- Überalter Rotwein, Reste von Rotwein oder Rotwein mit einem hohen Säuregehalt kann auch für Marinaden (siehe Seite 99) oder Beizen (siehe Seite 153) verwendet werden.
- Rotweinflecken lassen sich entfernen, wenn man sofort etwas Weißwein auf die Stelle gießt und Salz darauf streut. Nach ca. fünf Minuten das Salz entfernen.

Rouladen

- Metall- oder Rouladenspieße vor der Verwendung einölen, dann lassen sie sich nach dem Garen besser herausziehen.
- Rouladen bekommen eine aromatische Würze, wenn man die Innenseiten mit Senf bestreicht.

Rucola/Rauke

Lagerung

- Rucola, zu deutsch „Rauke", verdirbt sehr schnell. Man sollte sie so frisch wie möglich verwenden. Gut verpackt, am besten in angefeuchtetem Küchenkrepp, hält sie sich im Kühlschrank maximal drei Tage.
- Rucola wird wieder knackig, wenn man sie für ca. zwei bis drei Minuten in Eiswasser legt. Herausnehmen und in einem Sieb abtropfen lassen.

R

weiter geht's mit **Rucola/Rauke**

Verwendung

- Rucola fein gehackt zum Würzen verwenden.
- Rucola hat den besten Geschmack, wenn die Blätter zwischen 10 und 15 cm lang sind. Längere und damit ältere Rucolablätter können bitter sein.

Siehe **Salat**, Seite 134

Rührei

Siehe **Ei**, **Rührei**, Seite 40

S

Saure Sahne
Sahne, süße   Salat
Salz
Sardellenpaste
Schalotte
Schaschlik
ellerie
Senf   Sojabohne
Sojasoße
Soße
Speck
Soufflé   Spargel
Stärkemehl
Spinat
Stollen   Steaks
Suppen

S

Sahne, saure

Saure Sahne, Crème fraîche und Schmant gehören zur Gruppe der gesäuerten Milcherzeugnisse. Alle drei werden aus Sahne hergestellt. Der Unterschied liegt im Fettgehalt: Saure Sahne enthält mindestens 10 Prozent, Schmant mindestens 24 Prozent und Crème fraîche mindestens 30 Prozent Fett.

Sahne, süße

Ersatz

Sahne kann in Soßen durch Milch ersetzt werden. Die Soße muss dann nochmals aufgekocht werden.

Steif schlagen

- Sahne lässt sich besser schlagen, wenn sie kalt und nicht ganz so frisch ist. Schüssel und Rührbesen sollten kühl sein.
- Zuerst die Sahne mit dem Rührgerät eine Minute auf niedriger Stufe schlagen, dann auf höchster Stufe fertig schlagen. So erhält sie mehr Volumen und bleibt länger steif.
- Während des Schlagens einen Spritzer Zitronensaft (also maximal zwei Tropfen) in die Sahne geben, das sorgt für zusätzliche Festigkeit.
- Puderzucker löst sich besser in Sahne als Kristallzucker.

Salat

Darunter versteht man die Zubereitung aus frischen Blattsalaten mit weiteren Zutaten.

Lagern

- Generell sollte Salat so frisch wie möglich verzehrt werden. Aroma und Vitamine gehen schnell verloren.
- Frischen Salat immer kühl und am besten in Papier gehüllt lagern.

weiter geht's mit **Salat**

- Geputzten Salat in ein feuchtes Handtuch einschlagen und im Kühlschrank aufbewahren. So hält sich der Salat mindestens einen weiteren Tag.
- Kopfsalat wird braun, wenn er zusammen mit reifem Obst aufbewahrt wird.

Sorten

Blattsalate: Dazu gehören u. a. Kopfsalat, Batavia, Römischer Salat und Eichblattsalat. Alle Sorten sollten schnellstmöglich verwendet werden, da sie nicht lange lagerfähig sind (im Kühlschrank maximal zwei Tage). Die Salatblätter kurz, aber gründlich in kaltem Wasser waschen.

Chicorée, siehe Seite 33

Eisbergsalat: Der feste Kopf des Eisbergsalates lässt sich leichter zerteilen, wenn man erst das Salatherz herauslöst. Dazu die Strunkseite kreisförmig einschneiden und das Herz herausdrehen.

Endivie zählt zu den robusten Salatsorten und verträgt es, wenn sie nach dem Anmachen mit einem Dressing längere Zeit steht. Man kann Endivie auch als Gemüse ähnlich wie Spinat zubereiten und sie in Aufläufen, Quiches oder als Suppeneinlage verwenden.

Feldsalat verträgt nur leichte Dressings in kleinen Mengen, sonst fällt er zu schnell zusammen. Joghurt- und Sahnedressings wären zu schwer. Feldsalat verdirbt schnell und hält sich auch im Kühlschrank nicht länger als ca. zwei Tage.

Kopfsalat ist sehr empfindlich. Maximal einen Tag kühl und dunkel lagern, dann sofort verbrauchen.

Radicchio, siehe Seite 126

Rucola, siehe Seite 131

Welk

Welke Salatblätter werden wieder fester, wenn man sie für ca. zehn Minuten in kaltes Zitronenwasser legt.

S

weiter geht's mit **Salat**

Zubereitung
- Salate so kurz wie möglich in kaltem, stehenden Wasser waschen, da sonst wichtige Nährstoffe verloren gehen.
- Abtropfen lassen und das restliche Wasser mit Hilfe einer Salatschleuder entfernen.
- Die Blätter erst nach dem Waschen zerkleinern.
- Bittersalate wie Radicchio und Chicorée in lauwarmem Wasser waschen. Sie verlieren ihre bittere Note, behalten aber den vollen Geschmack.

Salz
- Aus ernährungsphysiologischen Gründen sollte man mit Salz sparsam umgehen, da viele Lebensmittel bereits Salz enthalten.
- Man sollte jodhaltiges Salz verwenden, Jod ist für den Körper lebenswichtig. Die meisten Fertigprodukte sind mit jodiertem Salz gewürzt.
- Eine Prise Salz wirkt als Geschmacksverstärker, speziell in Süßspeisen.

Putzen
- Hartnäckige Flecken auf Geschirr und Besteck lassen sich entfernen, wenn man etwas Salz darauf streut und das Salz mit einem feuchten Korken abreibt.
- Angebrannte Speisereste im Backofen oder Grill mit Salz bestreuen und erwärmen, bis sich das Salz bräunlich verfärbt. Das Salz mit Küchenkrepp auswischen.

Sardellenpaste
Sardellenpaste ist sehr salzig. Weitere Gewürze nur sparsam verwenden.

S

Schalotte/Eschalotte Schlotte

- Die Schalotte oder Eschalotte ist eine Zwiebelsorte (siehe Seite 156), die viel milder und feinaromatischer schmeckt als die klassische Haushaltszwiebel.
- Als Schalotte bezeichnet man auch den chinesischen Schnittlauch, ein mild nach Knoblauch schmeckendes Zwiebelgewächs.
- Als Schlotte bezeichnet man das Grün von Frühlingszwiebeln. Es aromatisiert pikante Quarkspeisen oder Salate. Sein Geschmack ist fein-würzig und frisch.

Schaschlik

Die Holzspieße ca. 30 Minuten in kaltem Wasser einweichen, dann lassen sich die Zutaten nach dem Garen besser vom Spieß ziehen.

Schikoree

Siehe **Chicorée**, Seite 33

Schwarzwurzel

- Schwarzwurzeln werden bräunlich und verfärben auch die Hände. Daher empfiehlt es sich, Küchenhandschuhe zu tragen.
- Sie lassen sich leichter schälen, wenn man sie vorher mit kochendem Wasser überbrüht.
- Die geschälten Schwarzwurzeln in Zitronenwasser geben, um zu starkes Verfärben zu verhindern.

Sellerie

Bekömmlichkeit
Ein Stück Sellerie in einem Kohlgemüse mitgegart, lässt den Kohl bekömmlicher werden.

Sorten
Man unterscheidet Bleich- oder Stangensellerie und Knollensellerie. Vom Bleichsellerie sind die harten Fäden abzuziehen. Damit sich der Knollensellerie nicht verfärbt, in Salz- oder Zitronenwasser legen.

Senf

Bekömmlichkeit

Senf macht schwere und fette Speisen bekömmlicher. Er empfiehlt sich zum Beispiel in Dressings und zum Bestreichen von Fleisch (siehe **Fleisch**, **Würzen**, Seite 57).

Lagerung

Senf stets verschlossen, kühl und dunkel lagern. Er sollte nicht mit Metall in Berührung kommen, da er sonst oxidiert.

Sorten

Senf schmeckt je nach Sorte mehr oder weniger scharf. Man unterscheidet:
- mild-süß
- mild
- leicht scharf
- mittelscharf
- scharf
- sehr scharf

Sojabohne

- Diese nahrhafte Bohne aus Asien enthält viel Eiweiß und Fett. Daher hat sie eine längere Garzeit als andere Bohnen.
- Aus Sojabohnen wird Tofu hergestellt. Er ist relativ geschmacksneutral und lässt sich mit den unterschiedlichsten Gewürzen kombinieren.
- Vegetarier schätzen Sojabohnen als Eiweißträger.

Sojasoße

- Sojasauce schmeckt salzig. In Verbindung mit dieser asiatischen Würzsoße sollte man weitere Gewürze nur sparsam verwenden.
- Sojasoße eignet sich zum Verdünnen von Honigglasuren für Braten (siehe **Braten**, **Kruste**, Seite 23).

weiter geht's mit **Sojasoße**

Wussten Sie schon?
Sojasoße kann aus sieben Teilen MAGGI Würze und drei Teilen Sherry zubereitet werden.

Soße

Der Fleischsaft, der während des Garens austritt, ist die Basis für eine gute Bratensoße. Da der Saft meistens nicht ausreicht, gießt man zusätzlich Wasser, Brühe, Wein oder andere Flüssigkeiten an (siehe **Braten**, **Flüssigkeit**, Seite 23, und **Soße**, **Binden**).
Die Soße bekommt mehr Bindung und ein feineres Aroma, wenn man einige eiskalte Butterflocken einrührt.

Angebrannt

Die Soße vorsichtig durch ein Sieb abgießen oder noch besser mit einem Löffel abschöpfen. Die Röst- und Bitterstoffe, die sich am Topfboden angesetzt haben, bleiben im Topf. Um den Geschmack zu neutralisieren, kann man sie zehn Minuten mit einer in Stücke geschnittenen, rohen Kartoffel oder einem Stück Weißbrot kochen.

Binden

Klassische Soßenbinder sind Stärke- oder Maismehl, Eigelb, Sahne und Crème fraîche.
- Mehl rührt man in wenig kalter Flüssigkeit an, gibt es in die heiße Soße und kocht die Soße nochmals kurz auf. Dann weitere 20 Minuten leicht köcheln lassen, damit sich der Mehlgeschmack reduziert.
- Eigelb mit etwas Sahne verrühren und in die heiße Soße einrühren. Die Soße darf nicht mehr kochen, sonst gerinnt das Eigelb und flockt aus.

S

weiter geht's mit **Soße**

- Sahne oder Crème fraîche ebenfalls in die heiße Soße einrühren, die anschließend nicht mehr aufkochen sollte.

Entfetten, siehe **Suppen**, Seite 144

Reste
Soßenreste kann man in Eiswürfelbehältern portionsweise einfrieren und, je nach Bedarf, größere oder kleinere Mengen entnehmen.

Soßenarten
Helle Soßen:
Für helle Soßen, zum Beispiel für Spargel-, Gemüse- oder Fischgerichte, verwendet man als Grundlage eine Mehlschwitze (siehe Seite 103) und verfeinert sie nach Belieben mit Crème fraîche oder Sahne.

Dunkle Soßen:
Für dunkle Soßen, zum Beispiel für Wild- und dunkle Fleischgerichte, brät man Fleisch oder/und Gemüse dunkel an, streut etwas Zucker ein, lässt diesen leicht bräunen und gibt dann etwas Tomatenmark zu. Der Zucker verhindert, dass das Tomatenmark anbrennt. Sowohl er als auch das Tomatenmark und die Röststoffe des Fleischs und Gemüses geben der Soße eine schöne dunkle Farbe. Rotwein, Weinbrannt oder Portwein runden den Geschmack ab.

Verfeinern
Soßen können mit süßer Sahne, Crème fraîche oder Eigelb in Geschmack und Konsistenz abgerundet werden. Wichtig ist, dass die Soße danach nicht mehr kocht, sonst gerinnen die Zutaten.

weiter geht's mit **Soße**

Verlängern

Soßen lassen sich mit Sahne, Milch, Wein, Brühe oder Bier verlängern, je nachdem, wozu sie serviert werden. Man gibt die Flüssigkeit in den Soßenrest und kocht alles nochmal auf, damit sich die Zutaten gut verbinden.

Versalzen

Versalzene Soßen können gerettet werden:
- eine grob geriebene, rohe Kartoffel zehn Minuten mitkochen
- ein bis zwei trockene Schwarzbrotscheiben zehn Minuten mitkochen
- etwas Sahne, Wein, Brühe etc. zufügen

Kartoffel und Brot binden das Salz. Man nimmt sie entweder nach dem Kochen aus der Soße, oder man gießt die Soße durch ein feinmaschiges Sieb ab. Die Zugabe von Flüssigkeit „verlängert" die Soße, sie schmeckt weniger salzig.

Soufflé

- Soufflé reagiert höchst empfindlich auf Zugluft. Deshalb beim Garen niemals die Backofentür öffnen, das Soufflé würde sofort zusammenfallen.
- Damit das Soufflé schön aufgeht, hebt man ein zusätzliches, leicht geschlagenes Eiweiß portionsweise unter die Soufflémasse.
- Das Soufflé gelingt am besten in geradwandigen Formen. Man fettet nur den Boden, nicht den Rand ein, da das Soufflé sonst nicht aufgeht.

Spargel

Frischetest

Frischen Spargel erkennt man an den Schnittstellen: Sind sie fest, saftig und hell wurde der Spargel erst vor kurzem gestochen. Wenn man die Stangen aneinander reibt, sollte es „quietschen".

weiter geht's mit **Spargel**

Gartipp

- Damit Spargel nicht bitter wird, eine Prise Zucker und/oder etwas Milch ins Kochwasser geben.
- Ein Spritzer Zitronensaft, ein Stück Butter oder eine Prise Zucker unterstreicht das sanfte Spargelaroma.

Lagerung

- Spargel bleibt frisch, wenn man ihn in ein feuchtes Tuch wickelt und im Kühlfach maximal zwei Tage aufbewahrt. Am besten schmeckt er aber, wenn er an dem Tag, an dem er gestochen wurde, auch gegessen wird.
- Spargel kann man roh einfrieren. Zum Garen kommt er unaufgetaut direkt ins kochende Wasser.

Schälen

Bei weißem Spargel beginnt man ca. 2 cm unterhalb des Spargelkopfes und schält zum Spargelende hin. Das holzige Stielende wird abgeschnitten. Bei grünem Spargel sollte nur das untere Drittel geschält werden.

Speck

Auslassen

Den Speck klein würfeln und bei geringer Hitze langsam auslassen, am besten in einer beschichteten Pfanne. Das Fett in einen Porzellan- oder Glasbehälter abgießen und kalt stellen.

Schneiden

Speck lässt sich dünn aufschneiden, wenn man ihn ca. 30 Minuten anfriert. Dann bleibt er nicht am Messer kleben.

Spicken

Beim Spicken zieht man mit einer Nadel kleine Speckstücke ins Fleisch. Dazu nimmt man grünen Speck, also

weiter geht's mit **Speck**

unbehandeltes reines weißes Fett. Mageres Fleisch wie Wild oder Rinderfilet wird so vor dem Austrocknen geschützt. Allerdings muss man das Fleisch zum Spicken anstechen, wodurch beim Garen wertvoller Fleischsaft verloren geht. Besser ist es, das Fleisch mit Speckscheiben zu umwickeln (bardieren), dann bleibt die Oberfläche unversehrt.

Spinat

- Junge, zarte Spinatblätter schmecken gut als Salat.
- Spinat vor der weiteren Verarbeitung für ca. eine Minute in wenig kochendes Wasser geben (blanchieren), herausnehmen, kalt abbrausen und abtropfen lassen.
- Spinatwasser entfernt Flecke auf Edelstahlkochgeschirr.

Aufwärmen
Siehe **Champignons**, Seite 32

Stärkemehl

- Stärkemehl bindet doppelt so stark wie normales Auszugsmehl. Es wird mit wenig kalter Flüssigkeit glatt angerührt und in die heiße Suppe oder Soße eingerührt.
- Nach der Zugabe von Stärkemehl sollte man die Flüssigkeit nicht mehr lange kochen lassen. Stärkemehl verliert seine Bindefähigkeit, wenn es über längere Zeit hohen Temperaturen ausgesetzt wird.
- Soßen und Süßspeisen, die mit Stärkemehl gebunden werden, bekommen einen schönen Glanz.
- Maisstärke, siehe Seite 98

Steak und kurz gebratenes Fleisch

Anbraten
Steaks und Kurzgebratenes bei großer Hitze kurz von beiden Seiten anbra-

weiter geht's mit **Steak und Kurzgebratenes**

ten und dann bei niedriger Hitze fertig garen. Durch die starke Hitze schließen sich die Poren und der Saft bleibt im Fleisch.

Fettrand

Bei Rumpsteaks und Lammkoteletts den Fettrand mehrfach einschneiden. Dann wölbt sich das Fleischstück beim Braten nicht nach oben.

In Mehl wenden

Zarte Fleischstücke, wie zum Beispiel Kalbs- oder Schweineschnitzel aus der Oberschale oder Hähnchenbrüste, kann man in wenig Mehl wenden. Das Mehl macht das Fleisch mürber, schützt es gegen die Hitze und verleiht ihm mehr Geschmack.

Wenden

Beim Wenden nicht mit der Gabel ins Fleisch stechen. Der Saft würde auslaufen und das Fleisch austrocknen.

Stollen

Stollen gehen beim Backen weniger stark in die Breite, wenn das Backblech neben dem Teig leicht mit Mehl bestäubt wird.

Suppen

Binden

Neben der klassischen Mehlschwitze (siehe Seite 103) oder Stärkemehl-Bindung (siehe Seite 143) kann man Suppen (und auch Soßen, siehe Seite 139) mit Eigelb, süßer Sahne oder Crème fraîche binden. Auch püriertes Gemüse oder Kartoffelpüree-Pulver (siehe Seite 86) verleihen Suppen eine schöne sämige Bindung.

Entfetten

Fettreiche Suppen und Soßen können entfettet werden:

- Während des Auskühlens setzt sich das Fett an der Oberfläche ab und lässt sich abschöpfen.

weiter geht's mit **Suppen**

- Bei heißen Suppen, kann man mit einem flachen Löffel das heiße, an der Oberfläche schwimmende Fett abschöpfen.
- Doppelt gefaltetes Küchenkrepp durch die heiße Flüssigkeit ziehen. Das Papier saugt das Fett auf.
- Eine Fettkanne verwenden.

Wichtig: Das zurückbleibende Fett gehört in den Haushaltsmüll, nicht in den Ausguss (siehe **Fett**, **Entsorgen**, Seite 48).

Klären

Eine Flüssigkeit „klären" heißt, Trübstoffe herauszufiltern. Es empfiehlt sich folgende Vorgehensweise:

1. Das Eiweiß mit einem Schneebesen leicht verquirlen.
2. Unter schnellem Rühren die Eiweißmasse der heißen Flüssigkeit zugeben.
3. Die Flüssigkeit nochmals aufkochen.
4. Nach ca. fünf bis zehn Minuten die Eiweißmasse mit einer Schaumkelle oder einem Sieb abschöpfen. Das Eiweiß bindet die Trübstoffe und steigt nach dem Aufkochen als kompakte Masse an die Oberfläche.

Pürieren

Um Obst und Gemüse für Suppen, Soßen, Breie etc. vorzubereiten, wird es püriert. Zum Pürieren eignen sich Küchenmaschine, Pürierstab, Passiergerät oder ein Sieb.

Versalzen

- Ein bis drei Eiweiß in die heiße Suppe rühren, gerinnen lassen und vorsichtig abschöpfen. Dann die Suppe durch ein feinmaschiges Sieb abgießen.
- Eine geviertelte rohe Kartoffel ca. zehn Minuten mitkochen und dann herausnehmen.

Eiweiß und Kartoffel binden das Salz.

146

T/V

Tafelspitz

Tee

Tintenfisch

Toastbrot

Tomate

Tomatensaft

Tomatensoße   Trockenfrüchte

Vanillezucker

Tafelspitz

Die Form des Fleischstückes erklärt seinen Namen: Tafelspitz ist das spitz zulaufende Ende eines Muskelstranges aus der Rinderhüfte, ein mageres und hochwertiges Fleisch, das gekocht serviert wird.

Damit der Tafelspitz nicht austrocknet, erst die Brühe sprudelnd aufkochen lassen und dann das Fleisch zugeben. Durch die Hitze schließen sich die Poren sofort, das Fleisch verliert keinen Saft. Dann reduziert man die Temperatur und lässt das Fleisch gar ziehen (siehe **Fleischbrühe**, Seite 57).

Tee

Teeränder an Tassen und Teekannen lassen sich leicht mit einem feuchten, mit Salz bestreuten Lappen abreiben.

Tintenfisch

In dieser Familie unterscheidet man Sepia, Kalmar und Oktopus.

- Der Kalmar gilt als feinster Tintenfisch. Man sollte die Garzeiten genau einhalten, da der Fisch zäh und hart werden könnte.
- Oktopus oder Krake können sehr groß werden. Das Fleisch ist fest und wird erst durch Klopfen und längeres Garen weich.
- Sepia sind die einzigen Tintenfische mit Kalkschulp (der Vögeln im Käfig oft zum Schnabel wetzen gegeben wird). Ihr Fleisch ist fest und eignet sich sehr gut zum Frittieren. Sepia werden hart, wenn man sie zu lange gart.

Tomate

Fertigprodukt

Tomaten aus der Dose oder dem Glas eignen sich besonders gut für Soßen. Den Inhalt angebrochener Dosen immer in ein sauberes Gefäß umfüllen, dieses mit Folie verschließen und kalt stellen.

Frische Tomaten

Häuten

Stielansatz entfernen, die Tomate kurz in kochendes Wasser tauchen, kalt abschrecken und die Haut vom Stielansatz her abziehen.

Lagern

Tomaten sollten separat gelagert werden. Sie verströmen ein Gas, das andere Obst- und Gemüsesorten schnell faulen lässt. Man sollte Tomaten auch nicht im Kühlschrank lagern, bei niedrigen Temperaturen verlieren sie an Aroma.

Nachreifen

Tomaten reifen nach, wenn man sie zusammen mit einem Apfel in Zeitungspapier einwickelt und bei Zimmertemperatur ein bis zwei Tage liegen lässt.

Säure

Zucker nimmt den Tomaten etwas von ihrer Säure und betont ihr Aroma.

Schneiden

Tomaten sollte man mit einem geriffelten Messer (Brotmesser) und immer quer zum Blütenansatz in Scheiben schneiden. Dann fallen sie nicht auseinander.

Weiche Tomaten

Sie werden wieder fester – und lassen sich besser aufschneiden – wenn man sie für ca. zehn Minuten in Eiswasser legt.

Tomatensaft

- Seine Fruchtsäure ist ein Zartmacher, besonders für Fleisch.
- Man kann Tomatensaft als Grundlage für Tomatensuppe verwenden.

Tomatensoße

Tomatenmark oder Tomatenketchup intensivieren den Tomatengeschmack der Soße.

Trockenfrüchte

- Sie sollten in wenig warmem Wasser eingeweicht werden. Das Wasser kann im Gericht mit verwendet werden.
- Aromatischer werden die Früchte, wenn man sie in Likör, Weinbrannt, Saft, Tee etc. einweicht.
- Zucker sollte man erst gegen Ende der Zubereitung zugeben, sonst nehmen die Früchte keine weitere Flüssigkeit auf.

Vanillezucker

- Vanillin ist der Aromastoff der Vanilleschote. Er findet sich nur in der Schote, nicht im Mark.
- Im Handel werden der teurere Vanillezucker und der preisgünstigere Vanillinzucker angeboten.
- Echter Vanillezucker ist eine Mischung aus weißem, raffiniertem Zucker und fein geriebenem Vanillemark samt Schote.
- Vanillinzucker enthält ca. ein Prozent Vanillin, das zumeist künstlich hergestellt ist und mit Zucker vermischt wird.

Eine Vanilleschote halbieren oder klein schneiden, das Vanillemark herauskratzen und alles zusammen mit Zucker in ein Schraubglas geben. Bereits nach einem Tag erhält man aromatischen Vanillezucker.

W/Z

Wassermelone
Wein
Weißkohl
Wild
Zimt
Zitrusfrüchte Zucker
Zwiebel
Zuckerschoten
Zwiebelschalen

W

Wassermelone

Wassermelonen sind reif, wenn sie stark duften und beim Daraufklopfen dumpf-dunkel klingen. Ein hohler Ton deutet auf eine trockene oder unreife Melone hin.

Wein

Wein verfeinert Soßen (siehe Seite 140). Wichtig ist, Rotwein mindestens um die Hälfte und Weißwein mindestens um zwei Drittel einkochen zu lassen. Dann ist der Alkohol restlos verdampft.

Lagerung

Wein muss liegend gelagert werden, damit der Korken feucht bleibt. Wein sollte weder abrupt erwärmt noch zu schnell gekühlt werden.

Säurehaltiger Wein

Stark säurehaltigen Wein kann man auch für Marinaden benutzen.

Trinktemperatur

Weißwein wird je nach Sorte bei 8 °C bis 14 °C getrunken, Rotwein im Bereich zwischen 12 °C und 19 °C. Die empfohlenen Trinktemperaturen liegen bei:

Rotweine

- ca. 18 °C bis 19 °C
  Burgunder, Chianti, Côtes du Rhône
- ca. 16 bis 18 °C
  Reife Bordeaux
- ca. 15 °C
  jüngere Bordeaux und Burgunder
- ca. 14 °C
  feine Chianti- oder Rioja-Riserva-Weine
- ca. 12 bis 14 °C
  leichte Rotweine wie Beaujolais

Weißweine

- ca. 14 °C
  feine Burgunder (Chardonnay-Weine)
- ca. 12 °C bis 14 °C
  ältere Rieslinge und Süßweine

weiter geht's mit **Wein**

- ca. 8 °C bis 10 °C
  Riesling

Weinreste
Weinreste in einem Eiswürfelbehälter einfrieren und portionsweise für Soßen und Suppen verwenden.

Weißkohl

Milchsauer vergorener Weißkohl wird zu Sauerkraut. Sauerkraut eignet sich hervorragend zum mehrmaligen Aufwärmen.

Wild

Beizen
Durch das Beizen wird das Fleisch mürbe. Junges Wild muss man nicht beizen, bei älterem empfiehlt es sich. Man unterscheidet drei typische Wild-Beizen:

- Mit Butter- oder Sauermilch: eine sanfte Beize, die strengen Fleischgeschmack mildert und sich für kürzere Beizzeiten bis zu drei Tagen eignet.
- Mit Wein: eine sehr aromatische Beize speziell für zartes Fleisch, die durchaus eine Woche stehen kann.
- Mit Essig: die preisgünstigste, aber auch schärfste Beize. Man kann das Fleisch bis zu zwei Wochen darin belassen.
  Für eine „Schnellbeize" kocht man die Essig-Gewürz-Mischung auf und gibt sie heiß über das Fleisch. Bereits nach einem Tag kann man das Fleisch zubereiten.
- Essigbeizen eignen sich für jede Art von Sauerbraten.

Siehe **Marinaden**, Seite 99

Garen
- Wild lieber bei geringerer Hitze und dafür länger garen. Sein feinfaseriges Fleisch trocknet sonst schnell aus.

W

weiter geht's mit **Wild**

- Garzeiten (siehe **Fleisch**, **Garprobe** Seite 56) unbedingt einhalten. Wild sollte zartrosa sein, niemals roh oder blutig.

Gewürze
Klassische Wild-Gewürze sind Wacholderbeeren, Preiselbeeren, Lorbeer und Thymian.

Zimt

Für Zimt gilt: Je dünner und feiner die Stange, desto besser das Aroma.

Zitronen

- Ältere Zitronen werden wieder weich, wenn man sie in warmes Wasser legt.
- Eine aufgeschnittene Zitrone bindet Kühlschrankgerüche.
- Zitronensaft beugt Verfärbungen bei aufgeschnittenem Obst und Gemüse vor.
- Wenn man nur einige Tropfen Zitronensaft benötigt, sticht man die Zitrone mit einem spitzen Messer an der schmalen Seite an und presst vorsichtig etwas Saft heraus. Dann kommt die Zitrone in den Kühlschrank.

Zitrusfrüchte

- Zitrusfrüchte werden fast immer mit Chemikalien behandelt. Wenn die Schale verwendet werden soll, reicht es nicht, sie nur mit kaltem Wasser abzuwaschen. Man sollte die Früchte vielmehr heiß waschen und mit einem Küchentuch gründlich abreiben.
- Zitrusfrüchte geben mehr Saft, wenn sie vor dem Auspressen mit heißem Wasser übergossen und anschließend unter leichtem Druck auf der Arbeitsfläche gerollt werden.

Zucker

Geschmacksverstärker
Zucker wirkt wie Salz als Geschmacksverstärker. Er intensiviert zum Beispiel den Geschmack von Tomaten-, Paprika- oder Karottengerichten. Das Aroma von Süßspeisen lässt sich dagegen mit einer Prise Salz unterstreichen.

Karamellisieren
Etwas Butter in einem Topf schmelzen, den Zucker einrühren und Farbe annehmen lassen. Dann die weiteren Zutaten zugeben.
Es empfiehlt sich, beschichtetes Kochgeschirr zu verwenden, da es weitaus leichter zu reinigen ist.

Lagerung
Zucker verklumpt nicht, wenn man ein Stück Schwarzbrot mit in die Dose gibt.

Zuckerschoten

Zuckerschoten, auch als Zuckererbsen bekannt, werden mit der Hülse gegessen. Es sind junge Früchte, die noch keine harte Pergamenthaut haben.

Lagerung
Zuckerschoten kühl, dunkel und trocken lagern. Sie halten sich bis zu drei Tage frisch. Bräunliche Flecken sind ein Zeichen für Qualitätsverlust.

Zwiebel

Bräunen
Zwiebelscheiben oder -würfel werden schneller braun, wenn man sie vor dem Braten mit Mehl bestäubt.

Lagerung
Halbierte Zwiebeln halten sich bis zu fünf Tage, wenn man die Schnittfläche mit Butter oder Margarine

weiter geht's mit **Zwiebel**

einreibt, die Zwiebel in Alufolie packt und im Kühlschrank lagert.

Schneiden

- Messer und Schneidebrett anfeuchten, dann steigen die ätherischen Öle der Zwiebel nicht so leicht in die Augen.
- Zwiebeln lassen sich ohne Tränen schneiden, wenn sie nach dem Schälen kurz mit Wasser abgespült werden.
- Immer ein sehr scharfes Messer verwenden. Durch den Druck von stumpfen Messern werden die ätherischen Öle der Zwiebel schneller freigesetzt.

Sorten

Grob unterscheidet man die eher scharfen Haushaltszwiebeln von den milden, leicht süßlichen Gemüsezwiebeln. Rote Zwiebeln können je nach Sorte scharf oder süßlich schmecken. Wegen ihrer attraktiven Farbe gibt man sie gern roh zu Salaten.

Zur weiteren Zwiebel-Verwandtschaft gehören die Schalotten (siehe Seite 137), Lauch, Frühlingszwiebeln und Knoblauch.

Zwiebelschalen

- Zwiebel dunkel anbraten (am besten eine ungeschälte Zwiebel halbieren und auf der Schnittfläche in der Pfanne oder Topf stark bräunen) und in der Suppe mitkochen. Dadurch bekommt die Suppe eine schöne dunkle Färbung.
- Der Sud von Zwiebelschalen lässt sich sehr gut zum Färben von Ostereiern verwenden. Die Eier erhalten einen schönen Braunton.

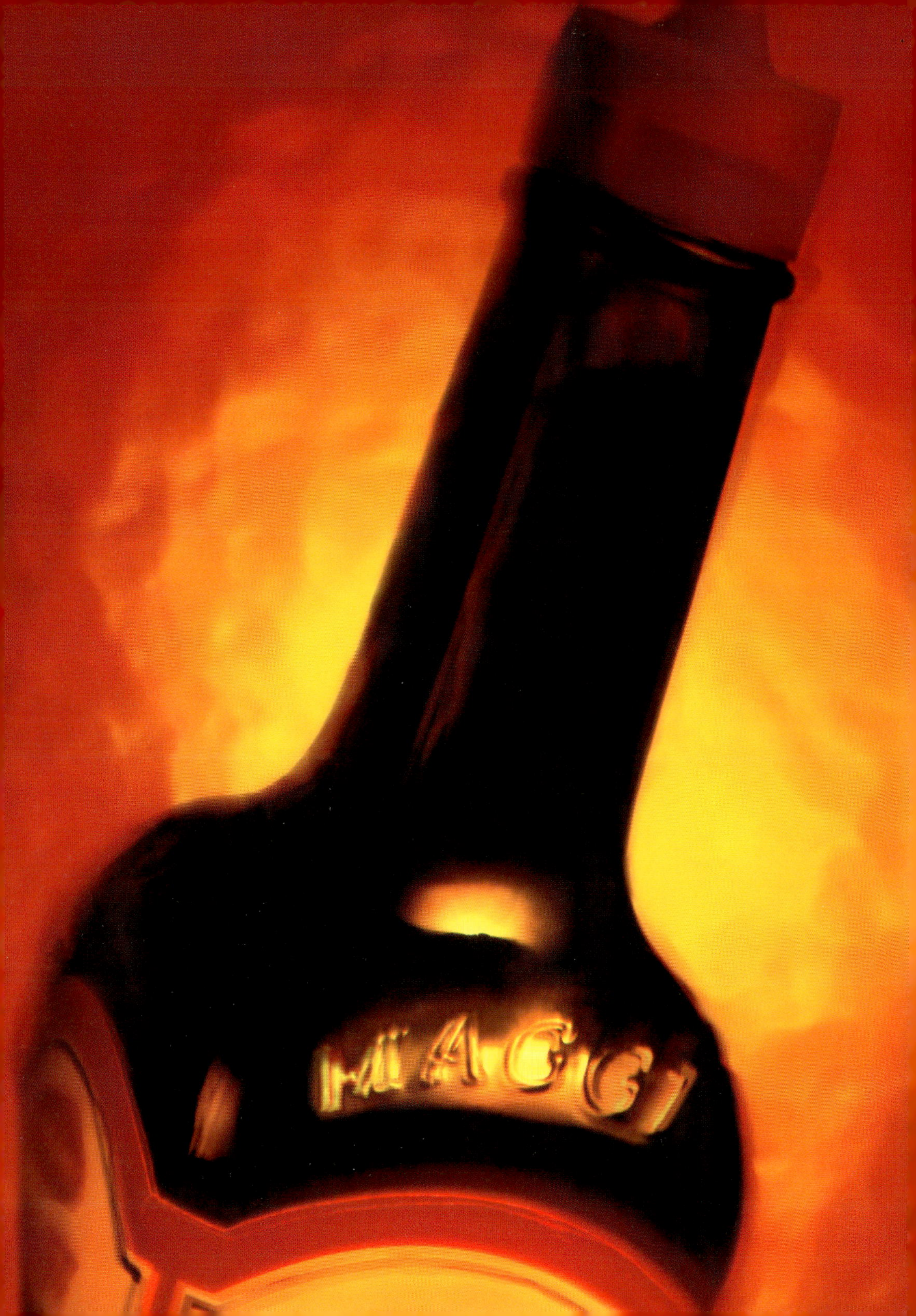
MAGGI

Stichwortregister

Hier sind alle im Buch vorkommenden Lebensmittel aufgelistet, unter denen Sie wiederum spezielle Tipps finden. Außerdem sind weitere Punkte, die nicht direkt und alleine dem jeweiligen Lebensmittel zugeordnet werden können, aufgeführt.

Aal 12
Agar-Agar 12
Alkohol 12
Alufolie, → Fleisch 54
Ananas 12
Apfel 13
* Apfelstrudel 13
Artischocke 14
Aubergine 15
Auflauf 15
Avocado 15

Backpulver 18
Backzutaten 18
Balsamico-Essig 18
Bambussprossen 19
Banane 19
Basilikum 19
Beize, → Wild 153
Binden
→ Butter 27
→ Crème fraîche 34
→ Gummi arabicum 67
→ Hackfleisch 70
→ Johannisbrotkernmehl 77
→ Mehl 101
→ Mehlschwitze 103
→ Pektin 120
→ Soße 139
→ Stärkemehl 143
→ Suppe 144
Birne 20
Biskuitteig 20
Blau kochen, → Fisch 51

Blitzbiskuit, → Biskuit 20
Blumenkohl 21
Bohnen 21
Braten 21
Bratfett 24
Bratkartoffeln 24
Bratwürste 25
Brokkoli 26
Brötchen 26
Brot 26
Butter 27
Buttercreme 28
Buttermilch 29
Butterschmalz 29

Champignons 32
Chicorée 33
Chili 34
Crème fraîche 34
Crêpes 34
Croutons 35
Currypulver 36

Dill 38

Ei 38
Eigelb 41
Eischnee 41
Eiweiß 42
Endivien 42
Ente 42
Entfetten, → Suppe 144
Erbsen 43
Erdbeere 43

Essenz 44
Essig 44
Essigessenz, → Essig 44

Färben
→ Reis 127
→ Rote Bete 130
Feige 48
Fett 48
→ Entfetten 144
* Entsorgen 48
* Versteckte Fette 49
Frittieren 49
Filoteig 51
Fisch 51
* Einschneiden 52
* 3-S-Regel 53
Fischgeruch 53
Fischsud 54
Flambieren, → Alkohol 12
Fleisch 54
* Garprobe 56
* Grillen 56
* Klopfen 57
Fleischbrühe 57
Folienkartoffel,
→ Kartoffel 84
Fond 58
Fondue 58
Frikadellen 58

Garnelen 62
Garstufen, → Fleisch 56
Geflügel 62
Gelatine 64
Gelieren
→ Agar-Agar 12
→ Gelatine 64
→ Gummi arabicum 67
→ Pektin 120
Gelierprobe 65

Gemüse 65
* Gemüsesuppe 65
* Püree 66
Gemüsebrühe, Instant oder Würfel 67
Geschmacksverstärker
→ Salz 136
→ Zucker 155
Gnocchi 67
Grießklößchen 67
Gummi arabicum 67

Hackfleisch 70
* Fleischwolf 70
Handelsklassen,
→ Obst 112
Haselnuss 71
Hefe 71
Hefeteig 71
Honig 72
Huhn 72
* Klassifizierungen 73
* Suppe 73
Hülsenfrüchte 74

Ingwer 76

Joghurt 76
Johannisbrotkernmehl 77

Karamellisieren,
→ Apfel 13
→ Zucker 155
Käse 80
* Fettgehaltsstufen 80
* Käsesoße/Käsefondue 8
Käsekuchen 82
Kaffee 83
Kaffeebohne 83
Kapern 83
Karotte 83

Kartoffel 84
Kartoffelbrei 86
Kartoffelpüree-Pulver 86
Kartoffelsalat 87
Klöße 87
Kiwi 88
Knäckebrot 88
Knoblauch 88
Kohl 89
Kohlrouladen 90
Kräuter 90
Kräuterbutter 91
Kresse 91
Kruste
→ Braten 23
→ Geflügel 63
→ Sojasoße 138
Kuchen 91
Kümmel 92
Kürbis 92
Kurzgebratenes,
→ Steak 143

Lamm 94
Leber 94
Likör 94
Limette 94
Lorbeer 95

Mais 98
Maisstärke 98
Mandeln 98
Margarine 99
* Biomargarine 99
Marinade 99
Markklößchen 100
Marmelade 100
Marmorierung, Fett-,
→ Fleisch 55
Mayonnaise 100
Meerrettich 101

Mehl 101
* Typen 102
Mehl-Butter, → Butter 28
Mehlklümpchen 102
Mehlschwitze 103
Milch 103
Möhre, → Karotte 83
Morcheln 104
Mürbeteig 104
Muscheln 104
Muskatnuss 105

Natron 108
Nieren 108
Nudeln 108
Nudelauflauf/
Nudelgratin 110
Nudelsalat 110
Nüsse 110

Obst 112
Öl 113
Omelett 114
Orange 115

Panade 118
Papaya 118
Paprikapulver 118
Paprikaschote 119
Paranüsse 119
Pasta, → Nudeln 108
Pektin 120
Petersilie 120
Pfannkuchen 121
Pfeffer 121
Pilze 122
Probekloß, → Klöße 88
Pudding 122
Püree, → Gemüse 66

Quark 126

Radicchio 126
Radieschen 126
Reis 126
Rhabarber 129
Roggenmehl 129
Rosinen 129
Rote Bete 130
Rotkohl 131
Rotwein 131
Rotweinflecke 131
Rouladen 131
Rucola/Rauke 131
Rührei, → Ei 40

Sahne, saure 134
Sahne, süße 134
Salat 134
Salz 136
* Jodsalz 136
* Putzen 136
Sardellenpaste 136
Schalotte/Eschalotte/
Schlotte 137
Schaschlik 137
Schwarzwurzel 137
Sellerie 137
Senf 138
Sojabohne 138
Sojasoße 138
Soße 139
Soufflé 141
Spargel 141
Speck 142
* Spicken 142
Spinat 143
Stärkemehl 143
Steak 143
Stollen 144
Suppe 144

Tafelspitz 148
Tatar, → Hackfleisch 71
Tee 148
Tintenfisch 148
Tomate 149
Tomatensaft 150
Tomatensoße 150
Treibmittel,
→ Alkohol 12
→ Backpulver 18
Trinktemperatur,
→ Wein 152
Trockenfrüchte 150

Vanillezucker 150
Versalzen,
→ Soße 141
→ Suppe 145

Wassermelone 152
Wein 152
Weißkohl 153
Wild 153

Zartmacher,
→ Ananas 12
→ Feige 48
→ Ingwer 76
→ Kiwi 88
→ Leber 94
→ Nieren 108
→ Papaya 118
→ Tomatensaft 150
Zimt 154
Zitrone 154
Zitrusfrüchte 154
Zucker 155
Zuckerschoten 155
Zwiebel 155
Zwiebelschalen 156

Impressum
Es ist nicht gestattet, Abbildungen und Texte dieses
Buches zu digitalisieren, auf PCs oder CDs zu speichern
oder einzeln oder zusammen mit anderen
Bildvorlagen/Texten zu manipulieren, es sei denn mit
schriftlicher Genehmigung des Herausgebers.

Herausgeber:
MAGGI KOCHSTUDIO, 60523 Frankfurt am Main

Copyright:
MAGGI KOCHSTUDIO

Idee, Konzeption und Umsetzung:
CPA! Communciations- und Projektagentur GmbH,
Wiesbaden

Bildnachweis:
MAGGI KOCHSTUDIO

Umschlaggestaltung, Layout und Satz:
Michael Kasper Visuelle Kommunikation,
Emmelshausen

Reproduktion:
Lorenz & Zeller, Inning a. A.

Druck & Bindung:
Offizin Andersen Nexö Leipzig GmbH –
ein Unternehmen der Union Verwaltungsgesellschaft
Spenglerallee 26–30
04442 Zwenkau

Druck auf chlorfrei gebleichtem Papier

Printed in Germany

ISBN: 3-89604-864-3

Haftungsausschluss
Die Inhalte dieses Buches sind sorgfältig recherchiert
und erarbeitet worden. Dennoch kann weder die
Autorin noch der Verlag für die Angaben in diesem
Buch eine Haftung übernehmen.

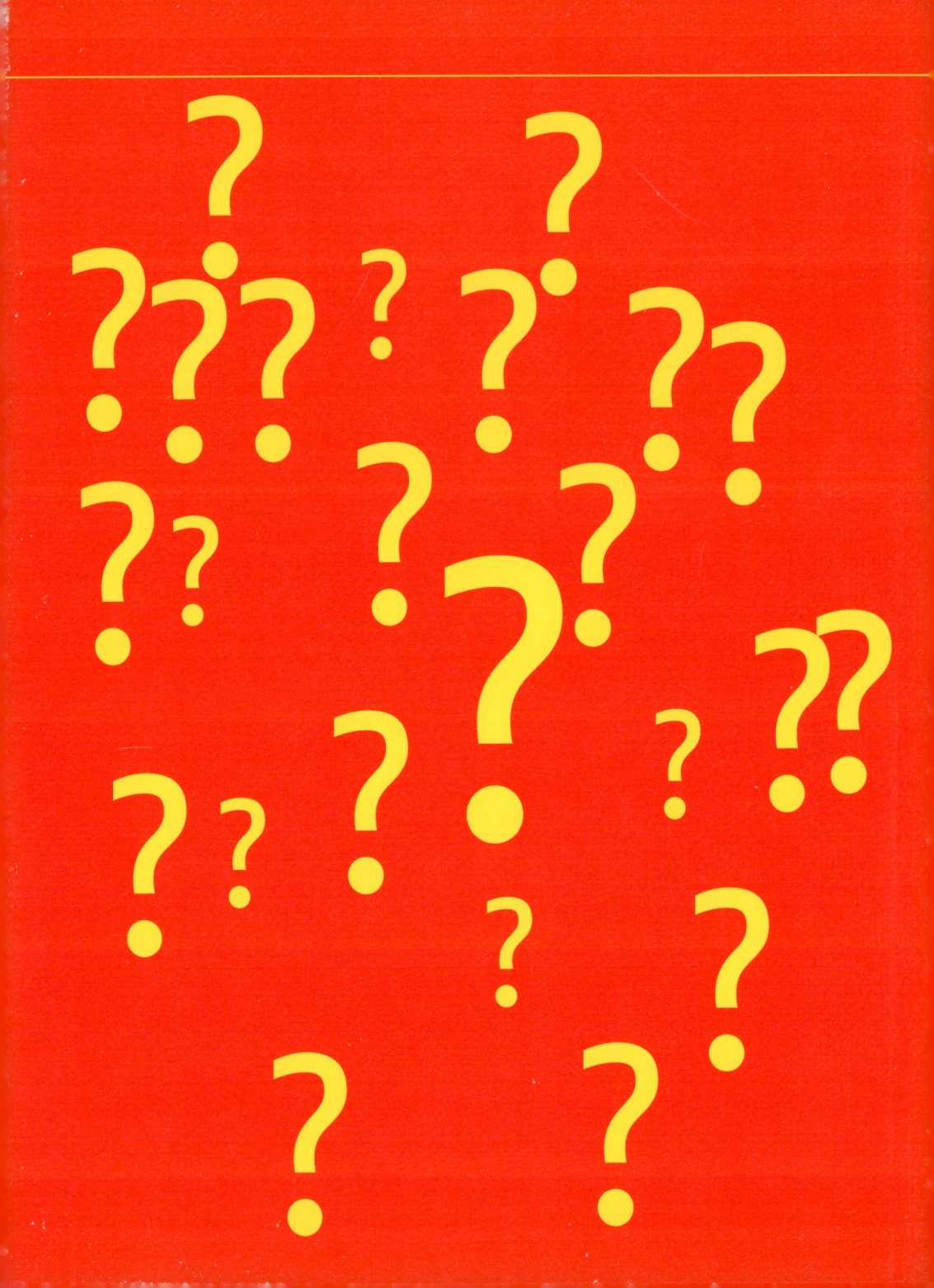